肉の火入れ
フランス料理のテクニック
Cuisson de la viande
Les techniques de la cuisine française

Florilège
川手寛康
Hiroyasu Kawate

柴田書店

伝えたいのは、火入れの重要さ。
肉に火を入れるならば、つくり込むのではなく、フォルムはよりシンプルに。
最適な温度帯で提供するべく、より迅速に。

けれども、調理法のバリエーションが増えたことで、味の構成要素は複雑に。

すべては、生産者の思い、日本の食文化、自然から生まれた素材の美味しさ…、
そしてその先にある幸せを体感していただくために。

この本が、料理に携わるすべての方々にとって何かのヒントになれば光栄です。

二冊目の料理書を上梓するにあたり、ご協力いただいた食材業者の方々、
フロリレージュのスタッフへ、心から感謝いたします。

2017年1月

Florilège
川手 寛康
Hiroyasu Kawate

目次

はじめに

火入れ以前—料理を産み出す原点　9
　　なぜ塊肉がいいのか？　10
　　塩をふらずに、バターを塗ってリソレするのはなぜ？　11

火入れ本番—肉を焼き分ける　12
　　グラデーションをつける／短時間で焼く
　　グラデーションなし／長時間で焼く

火入れの科学　レア、ミディアム、ウェルダン　14
牛肉を焼く過程で起こる変化　18

第1章　肉の種類別　火入れのテクニックと料理　19

Bœuf 牛肉　20

経産牛 サスティナビリティ　21
あか牛のロースト ビーツのクロッカン　22
牛ロースのステーキ ポワロージュンヌとナッツ　23
牛タンコンフィ 塩メレンゲとコーヒー　24
牛ハツのロースト パプリカのファルス　25

牛ロース種類別火入れの比較　26
　　黒毛和牛　28
　　ホルスタイン仔牛　32
　　短角和牛　36
　　あか牛　40
　　オールドカウ　44

サーロイン（ステーキ）　48
タン（コンフィ）　52
ハツ（ロースト）　56

Porc 豚肉　60

仔豚のハム キャラメルシート　61
島豚のロースト 紫蘇シート　62
仔豚のブレゼ アンディーブ　63

豚ロース種類別火入れの比較　64
　　白豚種　66
　　黒豚種　70
　　イベリコ豚　74

肩ロース 仔豚（ブレゼ）　80
もも肉・豚足 仔豚（冷製）　84

Agneau 羊肉　88

キャレダニョーの炭火焼き へしこのパスタ　89
セルダニョーのロースト 香草パン粉　90
仔羊肩肉コンフィ 新玉葱と炭　91

キャレ 背肉（炭火焼き）　94
セル 鞍下肉（ロースト）　100
エポール 肩肉（コンフィ）　106

Volaille Lapereau 家禽 110

パンタードのロースト
　北海道のホワイトアスパラとムース 111

ラプローのフリカッセ
　プティポワ フランセーズ 112

家禽コッフルとモモ種類別火入れの比較 114
　ブレス鶏 118
　パンタード 126
　シャモ 130

ラプロー 仔兎もも肉（フリカッセ） 134

Gibier ジビエ 138

蝦夷鹿のロースト 海のスープ 139
猪のファルス 赤のソース 140
猪の花ズッキーニファルス 141
真鴨のロースト 蕪と鰹のだし 142
雉鳩のベニエとフラン 143
蝦夷雷鳥と内臓のリゾット 144
ひよどりの炭火焼き ソバージュ蜜柑 145

蝦夷鹿 ロース（ロースト） 148
猪 ロース（真空） 154
猪 挽肉（炭火焼き） 158
真鴨 モモとコッフル（ロースト） 162
雉鳩（衣揚げ） 169
蝦夷雷鳥（ロースト） 174
ひよどり（炭火焼き） 180

第2章 火入れのための機器 184

スチームコンベクションオーブンとガスオーブンはどちらを選ぶ？ 185
　スチームコンベクションオーブン 185
　ガスオーブン 186

プラックとガスレンジの使い分け 186
　プラック 186
　ガスレンジ 187
　炭焼き台 187
　ウォーマー 187

フライパン 188
焼き網 188
網バット 188
鋳物鍋 188

料理解説 189
プロフィール 203

凡例
・それぞれの肉の火入れの工程および料理解説では、盛りつけ時の切り分けと調味を省略している。火入れ前には塩をふるなどの調味はせず（マリネを除く）、提供時に肉を切り分けてから行なっている。
・本書では、すべての牛、豚、羊、家禽、ジビエにおいて雌の肉を使用。
・バターはすべて無塩バターを使用。
・レシピの分量については、容量（cc、ml）ではなく重量（g、kg）で計量している。またすべてつくりやすい分量で解説している。

撮影／天方晴子
デザイン／中村善郎（Yen）
編集／佐藤順子

火入れ以前──料理を産み出す原点

素材と火入れと料理の関係

火入れの話をする前に、私が料理をつくる２つのプロセスを説明しよう。一般的なプロセスとはかなり違いがあると思う。
Ａプロセスは素材から料理を発想する。これはごく真っ当な料理の構築方法であり、この経験なくしてはＢを実現することはできない。
Ｂプロセスは形からスタートする。Ｂは自分がこれからつくろうとしている料理の形、デザインが明確なときに選択する工程だ。

Ａプロセス──素材から

私たち料理人は、よい肉を届けてくれる小規模な生産者たちと共存共栄していかなければならない。フロリレージュの場合、豚や羊、家禽類やジビエなどは、そんな小さな生産者から、極力半頭か一頭、鳥類ならば丸で仕入れている。

半頭買いをする利点は、店で自由に切り分けることができるため、部位ごとに仕入れるよりも、料理のアイデアや可能性が広がることだ。ローストに使えない端肉を煮込んでほぐし、ソースに使うこともできるし、ファルスとして利用することも可能となる。

ただ、半頭買いの場合、果たしてどんなものが届くのか、到着するまでわからない。主役の入荷を待って、その脇を固める季節の素材を一緒に並べてみて、何を合わせるか決定する。

次に主役の肉の火入れを決める。私の火入れの基準はローストだ。ローストが出発点となる。まずその主役の状態をみるために、必ず端のほうを焼いて味をみる。香り、味わい、食感などすべてのバランスがいいものがベストだ。「やっぱりローストが一番だろうか、ローストでもいけるけれどグリエもいいんじゃないか」と肉を食べてみて判断し、ベストな火入れ方法を決めていく。そしてデザインを決め、ガルニチュールの形状と調理法が決まってはじめて料理ができ上がる。

Ｂプロセス──形から

Ｂプロセスは、私が料理を産み出す上で非常に重要だ。このプロセスでは、まず最初に料理の形状を決める。つまり料理のデザインだ。器と盛りつけをイメージし、このデザインを実現するための素材やソース類を決めていく。こんなふうに盛りつけるためには、肉はこういう形にしよう。そして肉に合わせるガルニチュールは季節の香りを感じさせるこれを選ぶ、といった流れで周りの素材を決めていく。そのあとは、これらをおいしくするためのと調味と調理法を考える。こうして料理の設計図が完成する。

思い描いていたとおりの肉が入荷すれば問題ないのだが、想定外のときもある。要因はいろいろあるが、その一つが熟成度合い。熟成香や柔らかさがイメージした料理に合わないことがある。この場合、肉とガルニチュールの香り、テクスチャー、色合いのバランスがとれなくなってしまう。こんなときはＡに戻って別の料理に変更する。

料理を変えずにマイナーチェンジで仕上げることもある。たとえば、想定よりもサシが強い肉ならば、ローストの予定をグリエに変えるというように。あたりまえのことではあるが、料理に合わせてガルニチュールの調理も変えることを忘れてはならない。

多少肉質は違っていても、つくろうとする料理のイメージが明確なときは、以前の経験（Ａ）を活かして全調理工程をほんの少しずつ調整して、ベストな状態に焼き上げていく。

なぜ塊肉がいいのか？

　私の火入れの基準は、一番多く経験を積んできた「ロースト」であることはお話したとおり。ほかの調理法を探るときもローストを基準に展開していく。この肉に合った火入れを選択するのではなく、むしろ合わないないものを省いたら、この火入れ方法にたどり着いた、といったほうが正しいかもしれない。いうまでもないが、ローストを選択する上で大前提となるのは、自分のオーブンのクセを熟知することだ。

　ここではローストに合う肉について考えてみよう。肉は大きく、ある程度厚みがあるものが適している。骨つきならばなおいい。骨がついているから身縮みが少なくてすむし、Lボーンならば2方向を守られており、よりやさしく火を入れることができるので、ジュースの流出が少なくてすむからだ。

　ところで焼く前に行なう脂や薄膜の削り方もおろそかにはできない。厚い骨なら均等に火が入るように考えて、厚さを整えることも大事。どこからも常に均等に火を入れられることが求められるのだ。

　ちなみに骨つきの場合、骨が湾曲しているとフライパンに接しない部分が出てくる。こういう場合、ガスレンジの上ではアロゼをし、オーブンの中では骨側をなるべく高い位置にして、均等に火が入りやすくするような工夫をすべきだろう。

　なお焼き上がったあとで骨をはずすときは、こうばしく焼けた部分は、ぜひ切り身に一部残して提供したい。

　小ぶりの塊肉を焼く場合は、オーブンの温度を下げるのではなく、同じ温度で出し入れをくり返すといいだろう。なぜなら設定温度の上げ下げはかなり不安定になるので、むしろ一定にしておき、出し入れの回数で調節したほうが、はるかに温度は安定するからだ。

塩をふらずに、バターを塗ってリソレするのはなぜ？

　熱したフライパンで肉の表面を焼くと、タンパク質がメイラード反応を起し、こうばしさがつく。リソレはオーブンで肉に火を入れる前には欠かせない工程だ。表面にこうばしさをつけることで肉内部のジューシーさをより強く感じさせることができるからだ。つまり感覚の落差をつけるということだ。
　リソレの前には表面に塩をふらないのだが、それは塩の脱水作用で肉の水分が抜けて、表面の食感が変わるのを防ぐためだ。
　また脂の少ない肉（赤身肉やサシの少ない肉、白い肉など）や、形が均一でない肉には、リソレ前に表面にバターを塗っている。これはバターに含まれるタンパク質や脂質によってメイラード反応が促され、一層こうばしい焼き色がつくからだ。全面にまんべんなくバターを塗れば、凹凸があっても焼き色と独特の香りが全体につきやすくなる。
　ちなみにバターを塗るのはエコな手法でもある。フライパンに大量のバターを溶かしてリソレするよりも、全面に塗ったほうが、使用するバターの分量は少なくてすむからだ。

火入れ本番—肉を焼き分ける

肉の焼き方は仕入れた肉の状態に合わせて毎回調整するので、適切な温度や加熱時間には多少幅がある。しかし焼き上がりの肉の断面を比べると、外側から中心に向かってグラデーションを呈している焼き方と、グラデーションがない均一の色に焼き上げる方法があるのがわかる。

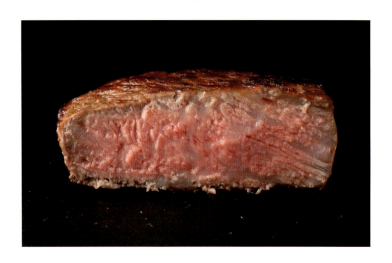

グラデーションをつける—短時間で焼く

　表面はカリッと焼け、表面に近い部分は白っぽくタンパク質が凝固していて、これが内側に向かって徐々に色が変わり、中心はまだピンク色が残っている（しかし中心部分も温度はきっちり上がっている）。切り口からはジュースがあふれ出てくる。こんな状態に焼き上げることを「グラデーションをつけて焼く」と表現している。

　グラデーションをつけると、加熱によってタンパク質と脂が徐々に変化して複雑な味わいが生まれる。またサクッと歯切れのよい食感と中心の少しレアっぽい食感の双方が味わえる。そして表面には高温の加熱でメイラード反応がおき、こうばしい色と香りがつく。

　グラデーションをつけるには、高めの温度で短時間で焼きたいので、中心まで温度が上がりやすい、肉の内部まで脂が入り込んだサシの強い肉が合う。高温で内部のサシが適度に抜け、加熱された脂とジュース（肉汁）を味わうことができるからだ。

　必然的にサシの多い牛肉やイベリコ豚、脂が幾層にも入り込んだキャレダニョーなどに適した焼き方になる。そして「グラデーションなし」で焼くのに適した大きな塊肉と比べて、やや厚みのない肉に適した焼き方でもある。

　そのときに使う肉の種類や状態によって前後するが、270℃のオーブン加熱がグラデーションをつけて焼くさいの私の目安となる。焼き上がりの芯温は70℃くらいまで上がっているはずだ。

　これを基準にして、提供のタイミングを合わせるためにもっと時間をかけて焼きたいときは250℃に下げるし、薄い肉の場合は290℃に上げて短時間で焼き上げる、というように調整をする。グラデーションをつけて焼く場合は、仕込みおきはせず、提供時間に合わせて火入れを始める。

　注意点は、高温にしすぎないこと。高温だと、短時間で肉に火が入るし当然余熱も強くなる。するとベストな火入れのストライクゾーンからあっという間にはずれてしまうのだ。また肉のタンパク質がかたく凝固すると、せっかく動いているジュースや脂が押し出されて肉の繊維の間から流出してしまう。

　芯温をきちんと把握していないと、ベストのバランスのグラデーションをつくることはむずかしい。

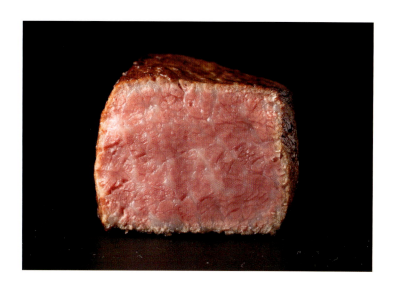

グラデーションなし―長時間で焼く

　肉の表面はカリッと焼くが、内側は均一な色になるよう火を入れる。低温でゆっくりと時間をかけて加熱するのがこの方法だ。

　したがってローストビーフなどのような厚みのある大きな塊肉の火入れに適している。またサシの少ない肉、パサつきやすい家禽類などの白い肉、シカなどの繊維の粗めの肉にも適した方法だと思う。

　これらの肉は、高温で火を入れると、ジュースが抜けて、肉の持ち味が失われてしまうからだ。低温で時間をかけてゆっくり加熱すれば、タンパク質をかたく凝固させずに、おいしいジュースや香りを肉の内部にとどめてしっとりと柔らかく仕上げることができる。

　グラデーションなしに焼く場合は、コンベクションオーブンを使うことが多い。鳥類のコッフルとモモならば60℃で2時間、骨つきの豚ロース（塊）ならば63℃で2時間半、牛赤身肉（500gの立方体）ならば、あらかじめ常温に戻して62℃で1時間半といったところが、私の目安だ。

　もちろんオーブンでもグラデーションなしの火入れをすることは可能だ。オーブンを使うならば、出し入れをくり返せばコンベクションオーブンと同じように焼き上げることができる。

　前もって仕込んでおけるのも、この方法のいいところだ。鳥類のコッフルやモモなどは、火入れに時間がかかるので、営業前にリソレを行ない、余熱を利用して常温までおいて均一に火を入れておく。そして営業時間に合わせてコンベクションオーブンに入れる。お客様がメインの一つ前の料理までたどり着くときに、8割程度まで火入れを進めておく。タイミングを見計らって骨をはずし、フライパンで皮をカリッと焼き、オーブンで提供温度まで上げる。

　注意すべきなのは、8割まで火を入れたらできるだけ速やかに仕上げて提供すること。やむをえず時間をおく場合、55℃のウォーマーで保温するのだが、保温時間が長くなるほど肉がパサついてきてジュースも香りも抜けてしまう。提供タイミングが合わずに、どうしても長時間おかなければならなくなったら一旦ウォーマーから取り出すが、冷めてしまうと提供時に高温で再加熱しなければならず、結局肉がパサついてしまうのだ。

　低温長時間加熱はけして万能ではない。このような弱点があることも忘れてはいけない。

　また冷製以外の熱い料理の場合は、ぬるい状態で提供しないように注意したい。火が入っていないことと、グラデーションなしで焼き上げることは、イコールではないのだから。

火入れの科学　レア、ミディアム、ウェルダン

グラデーションをつけた和牛ロースの焼き加減を、生、レア、ミディアム、ウェルダンで比較した。焼き上がりの写真に500gの分銅をのせた写真を添えて、タンパク質の変性度合いや肉の弾力などを示した。それぞれの肉の色や香り、表面の肉汁や脂の様子、弾力などの外観、焼いた肉の香りや歯切れのよさ、芯温などの感触を料理人である私の感覚で表現した。

加えて加熱のメカニズムに詳しい佐藤秀美氏に、それぞれの肉にどのような変化が起きているのかを、科学の視点から解説していただいた。

生

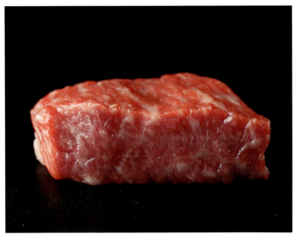 

芯温　常温

外観

分銅は沈んだままで、弾力はほとんどない。表面の色、内部とも生の赤色。加熱が進むにつれて、この赤色が徐々に変化していく。

味

香りは生特有の鉄っぽさがある。

科学の視点

一般に、肉を焼く前には冷蔵庫から出して常温に戻す。冷たい肉を焼くと、表面は焼けても中心がまだ冷たかったり、中心は温かくなったけど肉全体がかたくて、パサつくなど、期待通りに仕上がらないことが多い。

肉の組織は、多数の長い筋線維がコラーゲンの膜で束ねられ、その束の集まりがさらにコラーゲンの膜で束ねられるという構造になっている。肉を加熱し、65℃を超えるとコラーゲンが急激に縮むので、肉はかたくなり、この膜の内側にある筋線維から肉汁が絞り出される。肉汁は筋線維束同士の隙間にたまるが、さらにコラーゲンが縮んで隙間が狭まると、肉の外へ流れ出す。

肉の内部では熱の伝わる速度がとても遅いので、肉が厚いほど中心の温度は上がりにくい。肉に歯がサクッと入るのは60℃付近からで、65℃を超えるとコラーゲンが縮んで肉がかたくなる。わずか5℃の差で、肉のかたさが劇的に変化し、肉汁の出方も変わる。

冷蔵庫から出したばかりの肉と常温に戻した肉では、温度が20℃ぐらい違う。中心を余分に20℃高くしようとすれば、その周りの部位の温度は必要以上に高くなり、コラーゲンの縮む層が厚くなる。だから、焼く前の肉は常温のほうが内部の焼き加減をうまく調整できる。

レア

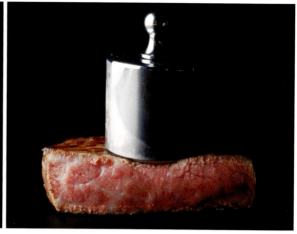

芯温 50℃程度

外観

　まだ分銅は沈んだままだが、表面のみに浅い焼き色（キツネ色から茶色っぽい色）がついて、薄い皮が1枚できたような感じだ。表面にわずかに張りが出てきたが、押し返すような弾力はほとんどない。生のような鉄っぽい香りは消えて、若干焼けた香りがする。

　浅い焼き色がついた表面は、少しぬれているが、これは肉から出てきた肉汁ではなく、表面の脂が溶けたものであろう。内部はまだ生に近い赤色をしている。

味

　表面にタンパク質の変性が起こったため、食べるとほのかなこうばしさと淡いキャラメルのような香りがする。焼けた面はサクッと歯が入るが、火が通っていない内部はまだ歯切れが悪く、ややスジっぽい感じがする。この段階ではまだ生の鉄っぽい味を感じる。

　タンパク質の変性が内部まで進んでいないので、透き通った中心部の肉汁はまだ動いていない。

科学の視点

　高温の鉄板に肉をおくと、加熱面はすぐに100℃に達する。100℃になると水分が盛んに蒸発し、その蒸発に熱が奪われるので温度はしばらく上がらない。

　加熱面の水分が完全に蒸発すると、温度は再び上がっていく。150℃付近になるとメイラード反応で生じた褐色物質が目に見える量まで増えてくるので、焼き色が現れる。また、メイラード反応で生じた香り成分も感知できる量になり、焼けた香りがしてくる。

　表面には、その内側のコラーゲンが縮んだ部位から出た肉汁は浮かんでくるが、肉汁の水分がすぐに蒸発するので、見た目には溶けた脂だけが見える。

　表面のすぐ下の灰褐色から白っぽく見える薄い層では、ミオグロビンのタンパク質の変性が始まっている。歯がサクッと入るのは、筋線維のタンパク質がほぼ固まる60℃以上の部位なので、白っぽく見える部位の少し下側までとなる。

　内部はミオグロビンのタンパク質が変性していないので、色は生に近い赤で鉄っぽい味を感じる。歯切れは悪いが、50℃以上であれば筋線維のタンパク質の一部が変性しているので、肉は生よりも柔らかい。

　まだコラーゲンが縮んでいないので、肉汁は筋線維の内側に閉じ込められている。

ミディアム

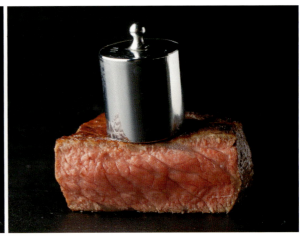

芯温 60℃程度

外観

　肉には茶色い焼き色がついて、表面はサラッと乾いてきた。肉に張りが出てきたせいか、分銅はあまり沈まなくなってきた。肉の表面から2mmくらいまで、加熱によるタンパク質の凝固が進んだので、グッと押すと跳ね返る。押し返されるような感じがはじめて出てきた。

　タンパク質が変性した内部はレアの赤色から濃いピンク色と変化してきたが、中心はまだ赤色が残っている。したがって中心部はまだ生に近いと予想される。

味

　焼き色が濃くなる現象をメイラード反応と言うが、これが進んでくるとさまざまな香りの要素が出現する。ローストしたコーヒーの香りやこがした玉ネギの香りなどが絡み合って、複雑な香りを発するようになってきた。

　表面はもちろん熱くなっているが、中心部も60℃程度まで上がり、より温かさを感じる。レアのときは表面のみだったが、肉の内側もタンパク質が凝固したため、歯切れのよさが非常に増してきた。同時に肉汁もあふれてきた。この段階での肉汁の色はまだ少し赤みがかっているものの、食味として感じる鉄っぽさは消え、クリアな味になってきた。

科学の視点

　加熱面では温度が一段と高くなり、内側から出てきた肉汁が濃縮されて糖やアミノ酸が増える。

　このため、メイラード反応が加速し、褐色物質が一段と増え、焼き色は濃くなる。同時に、香り成分の量が増え、新たな香り成分もつくられるので、こうばしさが強まり、香りも複雑になる。表面は乾燥で縮み、その内側のコラーゲンが縮んだ層が厚くなり、肉に弾力が出る。

　表面から中心部にかけては灰褐色から赤色だが、この色の変化は肉の鉄っぽい味やかたさ、肉汁の状態などの変化とほぼ連動する。

　中心部（60℃付近）はミオグロビンの変性前なので生に近い赤色で、鉄っぽさを感じる。筋線維のタンパク質はほぼ固まっているので、レアよりも歯切れがよい。肉汁は筋線維内にとどまっている。

　ピンク色の部分（65℃以上）ではミオグロビンが変性し始め、またコラーゲンも縮み始めている。赤みが弱くなるほど肉はかたく、筋線維からしみ出した肉汁は筋線維束同士の隙間にたまる。筋線維のタンパク質が熱で固まっているので、肉汁には透明感が出てくる。

　ミオグロビン中の鉄はタンパク質で固定されてきて、鉄っぽい味がしなくなる。灰褐色（72℃以上）の部位では、肉は一層かたくなり、肉汁は表面に向かってあふれ出している。

ウェルダン

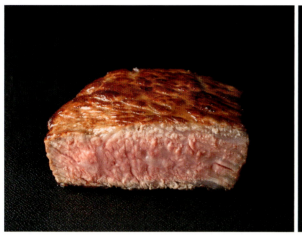
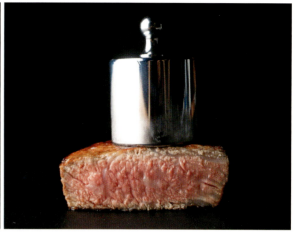

芯温 70℃程度

外観

　分銅はまったく沈んでいない。表面は焼けることで凝縮し、内側は中心から膨張して膨れてくる。指で押すとパンパンに膨らんだ風船のような弾力を感じる。肉の芯から押し返されるような弾力だ。

　表面の焼き色は茶色から黒っぽい濃い茶色に変化してきた。表面は水分が飛び、脂も抜けて、サラッとした乾いた感じがする。

　タンパク質は肉の表面から厚い幅で凝固して白っぽくなり、その内側は全体的に薄いピンク色に変化した。変性した肉の繊維から押し出されたクリアな肉汁があふれてくる。それと同時に少しパサつきが出てきて、手で肉の繊維が裂けるようになる。

味

　表面からはナッツをローストしたようなこうばしさと、少しこげたような香りが出始める。

　歯切れはサクサクと非常によくなったが、表面近くの肉はかたく締まるために肉汁が抜けてパサパサし始める。

　切り分けた瞬間、中から湯気が出るくらい、全体があつあつになる。中心部ですら70℃くらいまで上がる。

科学の視点

　表面ではメイラード反応がさらに加速し、焼き色やこうばしさが一段と強まる。表面付近では水分の蒸発した所へ溶けた脂肪が入り込むという、揚げ加熱と同じような現象が起きている。溶けた脂肪が表面の肉組織に入り込んでいるので、見た目には脂肪が抜けて乾いて見える。

　中心温度が70℃程度になると、中心部分でもコラーゲンが縮んでいる。このため、肉は内側からの弾力も感じられる。筋線維のタンパク質が完全に変性しているので、絞り出された肉汁は透明で筋線維束の隙間を満たしている。変性前のミオグロビンも残っているため、肉汁は少し赤みを帯びている。

　断面が全体的に薄いピンクに見えるのは、肉の切った面が冷えたことも影響しているかもしれない。75℃以下で変性したミオグロビンは冷えると変性から回復してくる。このため、肉が冷えると赤みが少し出てくる。

　表面では肉汁の水分が盛んに蒸発していくので、表面から少し内側までが乾いてくる。このため、表面付近の肉は縮み、そしてかたい。表面から内側にかけて温度の高い部分（75〜85℃以上）ではコラーゲンのゼラチン化が進む。筋線維を束ねるコラーゲンの膜がゼラチン化すれば、筋線維はパラパラとほぐれやすくなる。

牛肉を焼く過程で起こる変化（解説／佐藤秀美）

肉の組織

肉は筋肉からなり、筋肉は多数の筋線維（糸状の長い細胞）からなる。構造的には、筋線維が50～150本集まってコラーゲンでできた膜で束ねられ、この束が数十束集まってさらにコラーゲンの膜で束ねられ、この大きな束がさらにコラーゲンの膜で束ねられて一つの筋肉になる。この膜は見た目には肉の"スジ"に見える。サシといわれる脂肪は筋線維束の間に沈着する。

肉のうま味成分は、おもにグルタミン酸とイノシン酸で、筋線維の細胞内に存在する。これを同時に味わうと、相乗効果でうま味が格段に強まる。

色

生肉の赤色はミオグロビンの色である。これは鉄を含むヘム色素とタンパク質からなり、筋線維の細胞内の水中に存在する。ミオグロビンが多いほど、肉の赤みは強くなる。

加熱するとこのタンパク質が変性し、またヘム色素中の鉄が酸化されるため、肉の色は灰褐色に変化する。ミオグロビンの熱変性は65℃付近から起こり、72℃で終わる。

硬さ

肉は60℃付近までは温度が高くなるほど柔らかくなり、その後徐々にかたくなり、65℃を超えると急激にかたくなる。この変化は筋肉を構成する3種のタンパク質の熱的な性質の違いにより起こる。

筋線維は、多数の繊維状タンパク質の間を水溶性タンパク質が満たしている。繊維状タンパク質の熱凝固温度は45～50℃付近、水溶性タンパク質は56～62℃付近である。コラーゲンは65℃付近で急激に縮む。

肉を加熱し始めると、まず繊維状タンパク質が熱で凝固する。この時点では水溶性タンパク質は凝固していない。これを噛むと肉は柔らかく感じるが歯切れが悪い。

56℃付近から水溶性タンパク質が凝固し始め、繊維状タンパク質同士を糊のように貼りつけるので、肉はかたくなっていく。60℃付近になると水溶性タンパク質がほぼ凝固するため、歯がサクッと入るようになる。65℃を超えるとコラーゲンが縮むため、肉は急激にかたくなる。

味

ヒトは味成分が水に溶けた状態で舌に触れたときに味を感じる。生肉の水分は細胞内のタンパク質に吸着されており、普通に噛む程度の力では水は細胞外に出てこない。このため、生肉ではうま味をあまり感じない。

40℃付近から肉のタンパク質が変性し始めると、水は細胞内で分離してくる。これを噛むと細胞内から水がしみ出すので、うま味を舌で感知できる。

65℃を超えるとコラーゲンの膜が急激に縮み、筋線維の細胞内から肉汁（うま味を含む水）が絞り出される。細胞外に出た肉汁は筋線維やその束の隙間を満たす。これを噛むと肉汁が組織から出て口中に広がるため、うま味を充分に感じることができる。

肉の脂肪はそれ自体無味だが、溶けて口中で乳化されると肉の味をまろやかにし、コクを生み出す。脂肪の融点は22～37℃付近（和牛では22～30℃）である。

生肉特有の"鉄っぽさ"はミオグロビン中の鉄が唾液に触れることで生ずる。加熱によりタンパク質が凝固すると、鉄がミオグロビンの中に閉じ込められるため、"鉄っぽさ"を感じなくなる。

焼き色と香り

肉の焼き色は150℃付近からつき始める。これはアミノ酸やタンパク質などのアミノ基と糖や不飽和脂肪酸の酸化物などのカルボニル基の化学反応で生ずる褐色物質の色である。肉の表面温度が高いほど、また焼き時間が長くなるほど、化学反応が進み、褐色物質が増えるため、焼き色は濃くなる。この反応は発見者の名前にちなんでメイラード反応、またはアミノ・カルボニル反応と呼ばれる。

こうばしい香りもまたメイラード反応で生ずる500種類以上の成分からなる。主な成分はピラジン類（コーヒー、ナッツ類などの焙焼香）やチオフェン類（肉様の香り）などである。香りの質やその強さはアミノ酸や糖、脂肪などの肉の成分や加熱法によって異なる。

第1章　肉の種類別 火入れのテクニックと料理

Boeuf

牛肉

経産牛 サスティナビリティ
→ p.190

あか牛のロースト ビーツのクロッカン
→p.40 ＋p.189

牛ロースのステーキ ポワロージュンヌとナッツ
→ p.48 + p.191

牛タンコンフィ 塩メレンゲとコーヒー
→p.52＋p.191

牛ハツのロースト パプリカのファルス
→p.56＋p.192

Bœuf 牛肉

これまでは牛肉といえば、サシが細かく入ったA5ランクのとろけるような柔らかさが、圧倒的な人気で好まれてきたが、最近は肉本来の味をしっかり噛み締めて味わうことができる赤身肉の旨みが見直されている。赤身肉は霜降り肉より脂肪が少なく、アミノ酸も豊富。また産地ごとに特色をもたせた飼育方法を採用しているため、肉質に個性が表れ、赤身の質にも違いが出て、私たちの選択の幅がかなり広くなっている。ここではいろいろな肉質の同一部位のロースを選択。黒毛和牛、仔牛、短角牛、あか牛、オールドカウ（経

牛ロース 種類別 火入れの比較

黒毛和牛

サシが多い。このため肉内部への熱伝導がよいので高温短時間で加熱し、脂を落としグラデーションをつける。

フライパン	中火でリソレ
↓	
オーブン	260℃で6分間
↓	
余熱	温かいところで4分間
↓	
オーブン	260℃で5分間
↓	
余熱	温かいところで2分間

ホルスタイン仔牛

サシはなし。幼いため乳くささがあり、みずみずしいのでLボーンのまま低温長時間でグラデーションなしで火を入れる。

フライパン	油をひいて、中火でリソレ
↓	
コンベクションオーブン	65℃（ダンパーを開けて湿度0%）で1時間
↓	
オーブン	260℃で7分間
↓	
余熱	温かいところで5分間

産牛）で火入れを比較してみることにした（いずれも雌牛）。

ここで比較した5種の中では黒毛和牛がもっともサシが多く入っており、オールドカウ、あか牛、短角和牛の順に少なくなり、赤身の部分が多くなってくる。ホルスタインの仔牛にいたっては、ほとんどサシはなく、赤身も淡い色でほかの肉とはまったく違う仔牛特有の肉質だ。それぞれのロースの中に入り込んでいる脂の分量にはかなり差があるが、サシが多ければ多いほど短時間で肉に火が通る。

ロース以外の部位については、これからつくる料理をイメージし、それぞれに一番適した火入れをチョイスした。サーロインはステーキで、タンはコンフィで、ハツは低温ローストで火入れを解説する。

短角和牛

サシが少なく繊維が粗めなのでパサつきやすい。グラデーションはつけずにレアで赤身のジューシーさを生かす。

フライパン	中火でリソレ
↓	
オーブン	240℃で5分間
↓	
余熱	温かいところで5分間
↓	
オーブン	240℃で5分間
↓	
余熱	温かいところで4分間

あか牛

短角と黒毛の中間くらいのサシ。香りは黒毛に近い。黒毛より抑え目にグラデーションをつける。

フライパン	中火でリソレ
↓	
オーブン	240℃で5分間
↓	
余熱	温かいところで5分間
↓	
オーブン	240℃で5分間
↓	
余熱	温かいところで5分間

オールドカウ

サシの量は個体差がある。多いときはグラデーションをつけて焼く。少ないときは短角牛のように火を入れる。

フライパン	中火でリソレ
↓	
オーブン	240℃で5分間
↓	
余熱	温かいところで3分間

牛ロース 種類別 火入れ比較
黒毛和牛

　A4ランクの雌を用意した。黒毛和牛はクセが少なくサシ（脂）も適度に入っている、日本人なら誰もが好む牛種だろう。黒毛がもつ旨み（アミノ酸と脂質）の生かし方が火入れのポイントとなる。
　黒毛のようにサシが多く入っていると、赤身に比べて熱伝導率が高くなるので、時間をかけなくても中心まで熱が入りやすい。サシが多い肉の場合、脂だけを感じさせるのではなく、アミノ酸の旨みを感じてもらわなければおいしさのバランスがとれない。
　それではどのように火を入れていったらいいか。通常、肉は加熱前に常温に戻しておくが、ここではあえて冷蔵庫から取り出したばかりの冷たい肉を用意した。サシが多いので、出すとすぐに脂が柔らかくなってくるからだ。
　そして中火でリソレし、肉の中に入り込んだアミノ酸と脂が溶け出す前に表面に充分焼き色をつける。メイラード反応によって生じる焼き色のこうばしさと焼きムラで、牛脂の単調さを変化させるのが狙い。リソレしたら高温のオーブンで焼いて、肉の中に入り込んだサシを落としてバランスをとるというイメージだ。
　焼き上がった肉の断面を見ると、外側から中心までグラデーションとなって焼き色が変化しているのが理想。低温で時間をかけて均一に火を入れる低温加熱は、黒毛には合わないように思う。

焼き上がり

断面

工程

1. 冷たい肉
2. 脂除く
3. フライパン中火でリソレ
4. オーブン260℃ 6分間
5. 余熱4分間
6. オーブン260℃ 5分間
7. 余熱2分間

ポイント

- 常温に戻さず冷蔵庫から出したての冷たい肉を使う。
- 高温で加熱して表面にこうばしさをつけ、中心までグラデーションをつける。

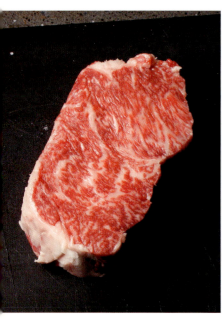

1 肉は冷蔵庫から出したてを使う。サシが多いので、出すとすぐに脂が柔らかくなってくる。周りの脂を取り除く。

2 フライパンを中火で温めて肉を入れる。肉の脂ですぐ温度が上がりメイラード反応が起こるので、油は不要。肉を入れてもほとんど音が立たず煙も出ないくらいの温度。肉が薄めの場合は、もう少し高温で焼くとよい。

5 この程度までしっかり焼き色がついたらフライパンでのリソレは終了。

6 輻射熱がよくあたるように肉を立てて表面積を大きくして網バットにのせ、260℃のオーブンに入れる。

3　中火でじっくり加熱し、肉から脂がにじみ出てきて周りが白っぽくなってきたら裏返す目安。

4　まずこの程度の焼き色をつける。肉の側面の変化で火の入り方を推測できる。温度が上がりやすいので何度か裏返しながら焼き色をつけていく。ここが短角牛と違うところ。

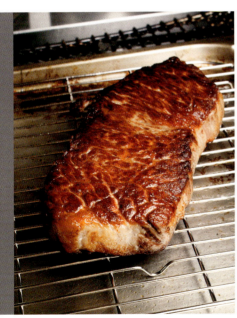

7　6分間加熱したら取り出す。表面に脂がにじんでツヤが出て、ふくらんだ。温かいところにおいて余熱で4分間火を入れる。

8　再び260℃のオーブンに入れて5分間加熱する。

9　取り出して温かいところに2分間おいて余熱を入れた状態。肉汁が少し出てきた。火入れ完了。

牛ロース 種類別 火入れ比較
ホルスタイン仔牛

一般的にホルスタインは脂が少なく、その肉質は短角牛に似たところがある。
ここではホルスタインの仔牛を使ったが、いずれの牛種でも仔牛肉は成牛の肉とはまったく肉質が異なる。肉の色は白っぽく、肉汁が多く、まだ乳っぽい香りがする。サシは少ない。仔牛らしさを残すために、低温長時間加熱で肉汁がなるべく流出しないような火入れを目指した。
仔牛ロースは骨をつけたまま切り分けて肉の縮みを極力少なくし、直に高温のフライパンの鍋肌に触れないように小麦粉をまぶして、繊細な肉にダメージを与えないようにした。

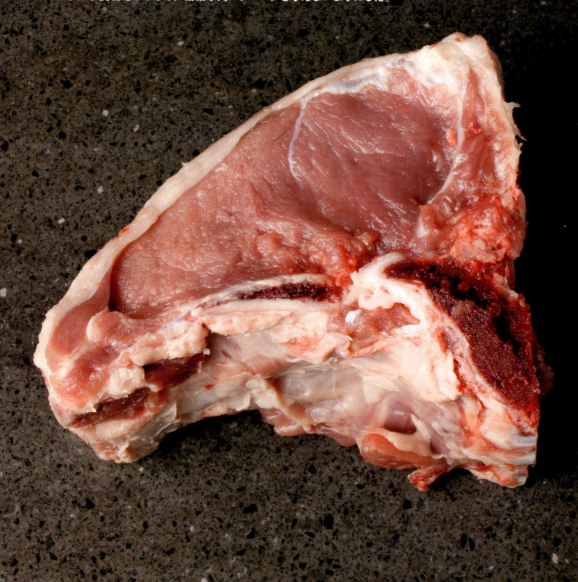

焼き上がり

断面

工程

1. 常温の肉
2. 小麦粉をまぶす
3. フライパンにオリーブ油1＋バター1を入れ、ブールノワゼット直前まで加熱
4. 皮側から肉を入れて全面をリソレ
5. コンベクションオーブン（ホットエアーモード、ダンパー開いて湿度0％）65℃ 1時間
6. 骨をはずす
7. オーブン260℃ 7分間（提供温度に上げる）
8. 余熱5分間

ポイント

- 牛肉とはいえ肉質が違うので、別の肉種と考えたほうがよい。
- 成牛よりも水分が多いので、肉汁が流出しないように低温長時間で焼く。

1　小麦粉を肉の全面にまぶしておく。

2　こげないようにフライパンにオリーブ油とバターを同量ずつ多めに入れて中火で熱する。オリーブ油はこげつきを緩和するために加えた。

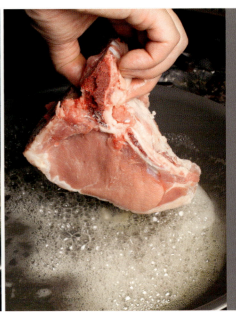

3　ブールノワゼットの手前まで色づいたら脂側（皮側）から中火でじわじわと焼く。

6　骨側以外の全面に均一な焼き色をつける。ずっと中火を保つ。

7　網バットに移して65℃のコンベクションオーブン（ダンパー全開湿度0％）で1時間加熱する。

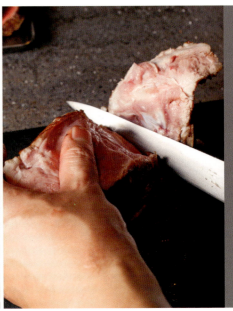

8　取り出して骨をはずす。この段階で芯温はまだ50℃そこそこ。

4 この程度まで脂側に焼き色がついたら断面を焼く。

5 裏返してもう一方の断面を焼く。

9 裏返して網バットに移し、260℃のオーブンで7分間加熱後、余熱で5分間火を入れる（芯温60℃）。中はほんのりロゼ色の仕上がり。

牛ロース 種類別 火入れ比較
短角和牛

焼き上がり

断面

短角和牛は岩手県を中心に、おもに東北、北海道で飼育されている牛種。ここでは宮城産の雌を使用した。

短角は活動量が多く、赤身肉（筋肉）の割合が多いため、タンパク質由来のアミノ酸を多く含む旨みのある肉である。火を入れすぎると、短角の特徴であるおいしい肉汁が流出してしまうので、レアに火を入れるようなイメージで焼く。

短角はサシが少なく皮下脂肪も少ないため、肉に火が通るのに時間がかかる。したがって焼き上げる温度や時間は黒毛和牛などとあまり違いはないのだが、おのずとレアぎみに仕上がってくれる。

黒毛和牛との食味の大きな違いは、脂の香りだろう。草を多く食べているせいか、短角の脂からは草の香りがする。これは好みの問題で、残したい場合もあるのだが、ここでは周りの脂を取り除いて焼くことにした。

サシが少ない分、焼きムラがおきやすいが、できるだけ均一な焼き色をつけたいので表面にバターを塗る。

黒毛和牛のようなグラデーションをつけずに焼き上げるイメージだ。

	工程
1	常温の肉
2	脂除く。バターを塗る
3	フライパン中火でリソレ
4	オーブン240℃ 5分間
5	余熱5分間
6	オーブン240℃ 5分間（提供温度に上げる）
7	余熱4分間

ポイント
- サシが少ないので、表面にバターを塗って素早く均一にきれいな焼き色をつける。

1　肉を常温に戻し、周りの脂を取り除く。

2　均一に焼き色がつくように、肉の両面にバターを薄く塗る。

3　中火で温めたフライパンに肉を入れる。煙も立たないし、肉が焼ける音も小さいくらいの温度。

6　側面を見ると、どれくらい焼けたかが判断できる。裏側にもそろそろ適度な焼き色がついているころ。

7　肉を立てて側面も焼く。

4　すぐに肉汁が出てくる。肉汁が出るということは、タンパク質が変性した部分が厚くなり、焼き色が強くついてきたということ。

5　この程度の焼き色がついたら裏返す。

8　輻射熱がよくあたるように肉を立てて網バットにのせて、240℃のオーブンで5分間加熱する。

9　温かいところに取り出して、肉を立てたまま5分間余熱を入れる。再び240℃のオーブンに入れて5分間加熱。

10　オーブンから取り出した状態。焼き色がかなり濃くなった。このまま温かいところで4分間余熱で火を入れて仕上げる。

牛ロース 種類別 火入れ比較
あか牛

あか牛は褐色和種という牛種に属し、毛の色は薄茶色。外見は似ているがルーツは別種の、熊本系と高知系の2種に分類される。高知系は県内のみで飼育されているが、熊本系は県内だけでなく北海道や東北でも飼育されている。ここでは熊本県産のあか牛を使用した。

私はあか牛を短角和牛と黒毛和牛の両者のよいところを併せもつ肉質として捉えて調理をしている。つまり脂とアミノ酸がうまくミックスされていて、肉の繊維はやや粗く、色はいくぶん淡い赤色を帯びている。そして脂は短角和牛ほど草の香りが強くない。

したがって旨み成分をたっぷり含んだ肉汁を中に残しつつ、表面には焼き色をしっかりつけようと思う。肉の焼き加減はロゼ（ミディアムレア）を目指す。

ここでは周りの脂を取り除いたが、肉に香りを残したいときはつけたまま焼くといいだろう。

工程

1. 常温の肉
2. 脂除く。バターを薄く塗る
3. フライパン中火でリソレ
4. オーブン240℃ 5分間
5. 余熱5分間
6. オーブン240℃ 5分間
7. 余熱5分間

ポイント

- サシの分量に合わせて、周りに塗るバターの分量を加減する。
- 肉がムレると表面がぬれるので、余熱で火を入れるときは、立てておく。

焼き上がり

断面

1　肉を常温に戻して、周りの脂を取り除く。

2　薄くバターを塗る。短角和牛よりもサシが多く入っている分、少なめに。

3　中火で温めたフライパンにのせる。煙も立たないし、肉が焼ける音も小さい。

6　輻射熱がまんべんなくあたるように、網バットの上に肉を立てて、240℃のオーブンで5分間加熱する。この時の芯温は50℃くらい。

7　取り出して温かいところで5分間余熱で火を入れる。肉がムレると表面がぬれるので立ててやすませる。側面からは赤い肉汁がにじんでいる。

8　肉を立てたまま再度240℃のオーブンに入れて5分間加熱する。

4 　焼き色がついたら裏返す。肉の繊維が粗いので、焼き色も粗く、ムラにつく。

5 　裏側にもそろそろ焼き色がついてきたころ。側面で判断できる。

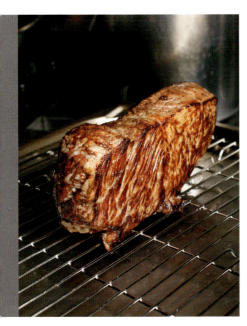

9 　取り出して温かいところに5分間おいて余熱で火を入れる。

| 牛ロース 種類別 火入れ比較
オールドカウ

　宮崎産の黒毛和牛。仔牛を産んだ13歳10ヵ月の経産牛を10ヵ月間穀物肥育したものを用意した。うまく肥育させると、この月齢の牛とは思えないほど脂がのってくる。しかし肉質に関しては個体差が非常に大きく、中にはまったくサシの入っていないもの、かたいものもあるので、その都度、状態を見極めなければならない。
　本日入荷した経産牛を黒毛和牛（→p.28）と比べると、若干脂ににおいがついていて、やや肉の繊維が粗く、スジが強くかため。とても牛らしい味がする。この経産牛は比較的サシが多いので、黒毛和牛に近い火の入れ方をしようと思う。つまり肉の内部まで火を入れてサシを落としていくというイメージだ。

焼き上がり

断面

工程

1. 常温の肉
2. 脂除く
3. フライパン中火で表裏、側面をリソレ
4. オーブン240℃ 5分間
5. 余熱3分間

ポイント

- 肉質の個体差が大きいので、見極めてから適した調理法を選択する。
- 黒毛和牛（→p.28）よりも肉の繊維がやや粗いので、高温で焼くと肉汁が出やすい。

1 周りについている脂を取り除く。

2 フライパンを温めて、1の肉を入れる。ほとんど煙が立たず、ジューッと焼ける音も小さい。

3 充分焼き色がついたら裏返す。

6 網バットに移し、輻射熱がよくあたるように肉を立てて240℃のオーブンで5分間加熱する。これ以上温度を上げると肉汁が出やすくなるので、他の肉より低めの温度で。

7 取り出して温かいところにおき、余熱で3分間火を入れる。

4　裏側にも充分焼き色をつける。かなり脂が出てきている。そろそろ焼き色がついてきたころ。

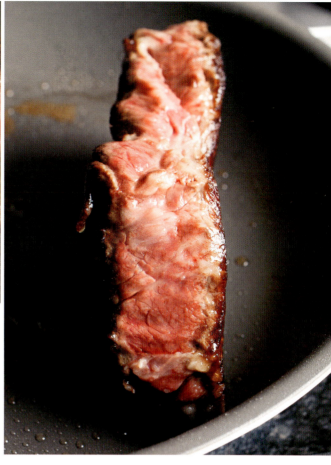

5　側面にも焼き色をつける。

牛肉の格付け

国内では国産和牛とアメリカ産やオーストラリア産などの輸入牛がおもに出回っている。両者に統一された規格はなく、生産国ごとに格付けの方法が異なる。

本書で使った国産和牛の格付けは歩留等級と肉質等級に分けられる。歩留等級は優れたものから順にA、B、Cにランクづけされる。肉質等級は優れたものから順に5、4、3、2、1にランクづけされており、脂肪交雑、光沢、締まり具合、脂肪の光沢と質などで評価される。したがってA5ランクといえば、歩留まりがよく肉質も最高という評価である。

サーロイン オールドカウ｜ステーキ

焼き上がり

断面

ステーキ用にカットしたオールドカウ(経産牛)のサーロインは、フライパンにたっぷりの油を入れて揚げ焼きにする方法を選択。かなりサシが入っており、肉の温度が上がりやすいため、室温に戻さずに冷蔵庫から取り出してすぐに焼き始める。

表面は高温でこうばしく焼き、内部は肉のジュースをとどめて動かしたい。高温で加熱することで内部の肉汁が熱せられて流れ出す(動き出す)状態をジュースが動くという。

このように高温短時間で焼くと、表面から肉の中心までがグラデーションとなって火が入る。あらかじめカットしたステーキ肉のよさを生かすためには、均一の色になるような火入れをねらわず、むしろムラ(グラデーション)があったほうがおいしさにつながるのではないかと考えた。

	工程
1	**冷たい肉**
2	脂除く
3	フライパン(バターとオリーブ油をブールノワゼットの手前まで加熱)で焼く
4	裏返す
5	裏返す
6	裏返す
7	裏返す
8	油脂を捨てて焼き加減調節

ポイント
- 肉の繊維が粗めなので、焼き色がムラになりやすい。何度か裏返して均等な焼き色をつける。

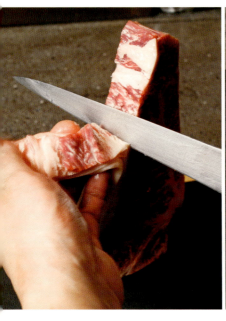

1 ステーキサイズにカットしたサーロイン（厚さ2.3cm）の周りについている脂を切りはずす。

2 これで338g。

3 フライパンにオリーブ油80gとバター80gを入れて火にかけて溶かす。オリーブ油はバターのこげつきを緩和するために加えた。

6 裏返す。この程度までしっかり焼き色をつける。まだ表面の焼き色はムラがある。

7 裏返す。こちら側も焼き色にムラがある。

4　油がブールノワゼットに色づく直前で肉を入れる。火加減は中火。

5　肉の脂がだんだん溶けて表面（上面）の色が変わってきた。そろそろ裏返すタイミング。

8　再度裏返す。ムラなく焼き色がついてきた。もう一度裏返す。こちら側にも焼き色がしっかりついた。

9　加熱で油の酸化が進んで肉の香りが悪くなるので、きれいに両面に焼き色がついたら、油はすぐに捨てる。

10　空のフライパンに入れて熱し、焼き加減を調整すると同時に余分な油をきる。焼き加減は肉の弾力で判断する。

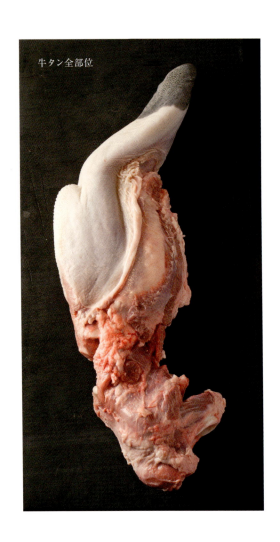

牛タン全部位

カットした牛タンののど元部分

タン｜コンフィ

牛タンの太いのど元の部分を使用した。この部位の特徴であるサクサクとした歯切れのよさとジューシーさを生かせる最良の加熱方法を考えて、コンフィを選択した。コンフィは本来ラードの中にマリネした材料を入れて低温で煮るという手法なのだが、ここではジューシーな肉のジュを流出させずにコーヒーの香りをつけるために、コーヒー豆とともに少量のオイルを注入して真空パックにし、ゆっくり時間をかけて肉に完全に火を入れる手法をとった。加熱機器は均等に火を入れることができるサーキュレーターを使ったが、コンベクションオーブン（85℃のスチームモードで1時間半）でも可能だ。

焼き上がり

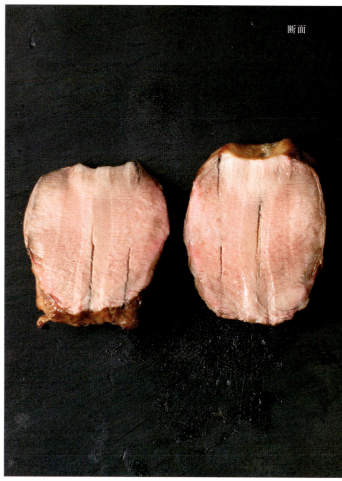

断面

工程

1. 整形
2. 真空
3. サーキュレーター 85℃ 1時間半（芯温80℃）
4. 冷ます
5. 皮をむく
6. ワラで燻す

ポイント

- 牛タンは加熱後のほうが皮がむきやすくなる。
- オリーブ油を注いで真空にして、均一に火を入れて香りをつける。

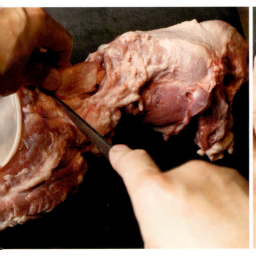

1
タンについているノドボトケの軟骨を切り落とす。

2
ノドに近いほうの太い部分(タン元)を切り分ける(480g)。

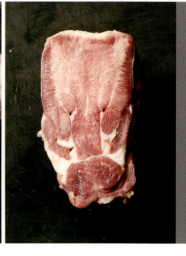

3
牛タンの断面。加熱後のほうが皮をむきやすいので、この段階では皮つきのまま。

8
均等に火が入った。取り出してこのまま冷ます。いったん冷えると細胞が締まってサクサクとした食感が増してくる。

9
袋から取り出して、半分に切り、皮をそぎ取る。

10
持ちやすいように、金串を扇のように打つ。

11
炭床にワラを入れて串をわたす。

4
真空袋に牛タン、コーヒー豆30粒とオリーブ油50gを入れる。コーヒー豆は、肉にまろやかな香りをつけるために粒のまま加える。

5
真空包装器にかけて真空にする。

6
85℃にサーキュレーターを設定して1時間半ボイルし、芯温を80℃に上げる。

7
サーキュレーターのほうが、コンベクションオーブンより、均等に火を入れることができる。

12
ワラに火をつけたら、すぐにタンにボウルをかぶせて2分間ほど燻し、香りをつける。

13
途中で何度か裏返して燻し、均等に香りをまとわせる。

14
提供温度まで上がったら取り出して串を抜き、切り分ける。

ハツ｜ロースト

牛の心臓（牛ハツ）は右心房と左心房からなる。右心房は厚みがあって弾力のある食感で、比較的左心房は柔らかいという特徴がある。ここでは弾力のある右心房をローストした。
ハツは脂肪がなく筋肉のみでできているため、脂肪が少ない赤身がちの短角牛の肉質に似たところがある。高温で加熱するとゴムのようにかたく締まってくるので、60～65℃の低温で長時間かけて加熱する「低温ロースト」といわれる方法を選択した。
なお、ものによって、ときおり中にまだ血が残っていることがあるが、このようなハツは血のにおいや独特のエグミが残っているし、何より日持ちがしないので避けるべきだろう。

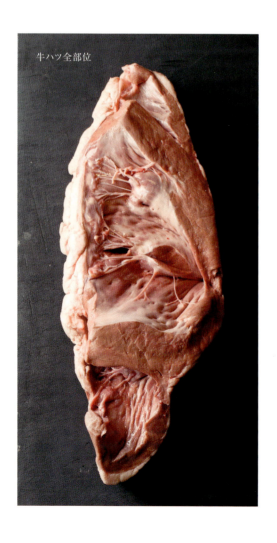

牛ハツ全部位

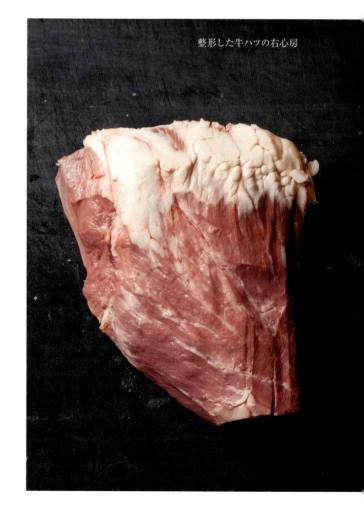

整形した牛ハツの右心房

工程

1. 掃除
2. 切り分ける
3. バターを塗る
4. フライパン中火でリソレ
5. コンベクションオーブン
   （ホットエアーモード、ダンパー開いて湿度0％）
   60〜65℃ 1時間15分
6. オーブン270℃ 7分間
   （芯温55℃、提供温度に上げる）

ポイント

- 高温で短時間加熱すると、肉がかたくなりやすいので注意。グラデーションはつけずに焼く。

焼き上がり

断面

 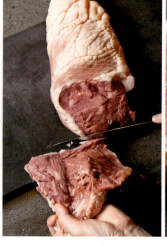 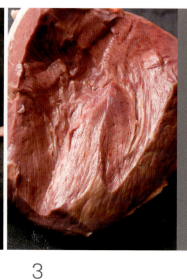

1
心臓を縦に切り目を入れて開いた牛ハツ。指差している両サイドが右心房。ここでは右心房を使用。

2
片側の右心房を切りはずして、さらに半分に切る。

3
この程度まで内側の薄膜をそぎ取る。加熱するとこの薄膜がかたくなるので残さずに。

7
しっかりと押さえつけて、手の感触で火の通り具合を確認しながら焼き色をつけていく。

8
この程度まで焼き色を充分つける。

9
トングなどで支えて、側面も同じように焼く。あくまでも表面のみに火を入れる。

4
外側の脂肪をこの程度までそぎ落とす。この段階で300gほどになった。

5
サシが入っていない部位なので、外側と内側にバターを塗って油分を補って焼き色をしっかりつける。

6
中火で熱したフライパンで外側（脂肪がついている側）から焼いて、表面に旨み成分を凝縮させる。

10
網バットに移し、60～65℃のコンベクションオーブン（ホットエアーモード、ダンパーを開けて湿度0%）で1時間15分加熱する。

11
270℃のオーブンに移して7分間焼いて提供温度に上げる。3分間ほど経過したら途中で1回裏返す。

12
焼き上げた牛ハツ。中はロゼの焼き加減。芯温は55℃。熱いうちにすぐに提供する。

Porc

豚肉

仔豚のハム キャラメルシート
→p.84＋p.193

島豚のロースト 紫蘇シート
→ p.70 + p.192

仔豚のブレゼ アンディーブ
→ p.80 + p.193

Porc 豚肉

日本に流通する豚の品種は白色種、褐色種、黒豚種の3つに大きく分類されている。白色種は「ランドレース種」（原産地デンマーク）、「大ヨークシャー種」（原産地イギリス）に代表される。褐色種は「デュロック種」（原産地アメリカ）。そして黒豚種は「バークシャー種」（原産地イギリス）に代表される。一般的に「黒豚」といわれるのはこの種類となる。

豚ロース 種類別 火入れの比較

白豚種

サシが少ない。しっかり火を入れていくが、ジュース感を残すために、わずかに加熱時間を短くする。

フライパン	中火でリソレ
オーブン	270℃で7分間
コンベクションオーブン	70℃（ホットエアーモード、ダンパー開けて湿度0%）で1時間
オーブン	250℃で6分間（3分間経過したら裏返す）

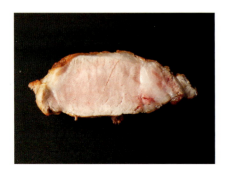

黒豚種

皮下脂肪が厚いのが特徴。肉の赤色が濃く、味も濃い。白豚種よりも少し長めに火を入れるイメージ。

フライパン	中火でリソレ
オーブン	270℃で7分間
コンベクションオーブン	70℃（ホットエアーモード、ダンパー開けて湿度0%）で1時間
オーブン	250℃で9分間（4分間経過したら裏返す）

ここでは、白豚種、黒豚種、イベリコ豚（黒豚種）の3種の豚（いずれも雌）を比較してみた。いずれも部位はロースで、肩から3〜4本目より後方、かぶりの部分が小さくなってきたあたりの肉を用意してローストした。豚肉は牛肉のようにサシは入らないので、加熱でパサつきやすくなるのだが、火入れが甘い状態では提供できない。したがって微妙な火入れの加減が必要になる。

白豚種は淡いピンク色の肉でサシは少ない。黒豚種は赤身の色が濃く、味も濃いのが特徴。白豚種よりはやや長めに火を入れている。イベリコ豚はややサシが入っており、表面の脂も溶けやすいので、温度のコントロールが必要となる。

ロース以外の部位では、モモ肉と豚足はボイルして冷製に、仔豚肩ロース肉はブレゼを選択して、それぞれに適した火入れを紹介する。

イベリコ豚

皮下脂肪もサシも融点が低いため、肉の温度が上がりやすい。細かなコントロールが必要。

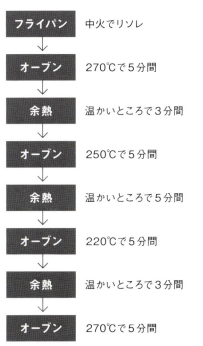

フライパン	中火でリソレ
オーブン	270℃で5分間
余熱	温かいところで3分間
オーブン	250℃で5分間
余熱	温かいところで5分間
オーブン	220℃で5分間
余熱	温かいところで3分間
オーブン	270℃で5分間

豚ロース 種類別 火入れ比較
白豚種

焼き上がり

断面

白豚種の肉色は淡いピンク色。ほかの2種に比べて白っぽい。水分が多く味も淡白なので、極力肉汁が抜けないように火を入れると、白豚種のよさが引き出されるのではないだろうか。肉汁が流出しやすく肉がパサつきがちなので、火入れのストライクゾーンはきわめて小さい、難しい肉である。オーブンで肉の温度を上げたのち、70℃のコンベクションで1時間。ゆっくり、ていねいに、やさしく、しかし脂身にはしっかり火を入れるイメージで。

工程

1. 常温の肉
2. 脂身に切り目
3. フライパンを温める（低温）
4. 中火で脂身側をじわじわ焼く
5. 裏返して肉側を焼く
6. オーブン270℃ 7分間
7. コンベクションオーブン（ホットエアーモード、ダンパー開いて湿度0%）70℃ 1時間
8. オーブン250℃ 6分間（提供温度に上げる）

ポイント

- 低温長時間加熱をする場合、内側の脂まで充分落ちるように脂身の切り目は深く入れる。
- フライパンのリソレは、肉に火を入れるのではなく肉の脂を焼くのが目的。

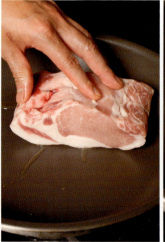

1

脂身を適当にそぎ、脂が充分落ちるように、脂身に切り目を深く入れる。514g。

2

フライパンを中火で温めて、脂身側から焼き始める。

3

ジワジワと脂が出始めた。フライパンの表面温度は220℃前後になっている。

7

かぶりの脂（肉の手前側）は、この程度まで焼き色をつけて焼ききる。まだ内部まで火が通っていないのが断面から見てとれる。

8

脂身の脂が落ちたら（456g）、270℃のオーブンに7分間入れる。まだ肉には火が入っていないので、中心は冷たい。270℃で肉の温度を上げる。

9

オーブンから取り出して裏返す。脂身はさらに焼き色が濃くなっている。396g。

4
この程度まで焼いたら裏返して色が白く変わるまで肉側をサッと焼く。

5
内側に巻き込んでいるかぶりの部分の脂は、フライパンの側面に立てかけて焼く。

6
火が通りやすいようロースの芯とカブリの間を切る。数本切り目を入れたら再び裏返して、かぶりの脂をフライパンにあてて脂を焼ききり、肉側をサッと焼く。

10
網バットに移し、70℃のコンベクション（ホットエアーモード、ダンパー全開湿度0％）で1時間加熱。

11
10を取り出して、250℃のオーブンで6分間仕上げの加熱をする。途中で肉を裏返す。

12
焼き上がった白豚種のロース。370g。

豚ロース 種類別 火入れ比較
黒豚種

豚は肉質のよさや発育状況など、それぞれの親豚の優れた性質を引き継ぐために、別の品種とかけ合せをした雑種がほとんどだが、一般的に「黒豚」といわれているのはバークシャー種（原産国イギリス）で、唯一純粋種として飼育されている。

白豚種と比較すると肉の赤色が濃く、脂身は厚く白い。凝縮感のある旨みの強い肉だ。ここでは黒豚の強い味を生かすために、白豚種よりも少し加熱時間を長くして温度を上げ、香りを立たせ、表面には焼き色を強くつけてこうばしさを与えた。

焼き上がり

断面

工程

1. 常温の肉
2. 脂身に切り目
3. フライパン中火で脂身を焼く
4. オーブン270℃ 7分間
5. コンベクションオーブン（ホットエアーモード、ダンパー開けて湿度0％）70℃ 1時間
6. オーブン250℃ 4分間
7. 裏返して5分間（提供温度に上げる）

ポイント

- 脂身に入れる切り目は深く。肉がもっと大きい塊の場合は、それほど深くしなくてもよいが、この程度の大きさでは肉にすぐ火が入ってしまうため、短時間で脂を落としきってしまうことが必要になる。

1
肉は室温に戻しておく。脂身を適度にそぎ、深く切り目を入れる。中火にかけて温めたフライパンで脂身から焼き始める。605g。

2
フライパンの側面を使って、肉を立てかけるようにして側面を焼く。

3
かなりフライパンの温度が上がり、脂が出てきた。

8
肉側はこの程度焼ければよい。フライパン焼きはあくまでも脂を落とす作業。

9
フライパンにたまった脂を捨てて270℃のオーブンに入れて7分間加熱する。

10
オーブンから取り出す。脂身の焼き色はこの程度ついた。522g。

4
かぶりの部分に3〜4本包丁目を入れて火通りをよくする。

5
かぶりの部分を鍋肌に押しつけるようにして、中に入り込んだ脂を溶かし出す。

6
肉を立てて両端もしっかり焼いて脂を落とす。肉から出てきた脂で揚げ焼き状態にして脂をさらに焼く。

7
裏返して肉側をサッと焼く。

11
網バットに移し、70℃のコンベクションオーブン（ホットエアーモード、ダンパー開いて湿度0%）に移して1時間加熱する。

12
取り出して（448g）、オーブン用の網バットに移し、250℃のオーブンで9分間焼く。4分間経ったら途中で肉を裏返す。

13
焼き上がった黒豚種。436g。

豚ロース 種類別 火入れ比較
イベリコ豚

イベリコ豚の肉質は豚肉の中では比較的牛肉に似ているのではないかと思う。とくに脂に特徴がある。室温に戻しただけで、表面が少し溶け始めるほど他の２種にくらべてはるかに脂の融点が低い。それだけではない。肉の中にもサシが入り込んでいるので、温度が上がりやすくなり、火入れに要する時間も短くなる。また温度を上げると脂の香りが格段によくなるのも特徴だ。

反面、温度コントロールがむずかしくなる。これらを踏まえて、270℃という高い温度で加熱した。高温加熱で３回ほどオーブンに入れては取り出すことをくり返し、余熱を利用して調整しながら焼き上げた。

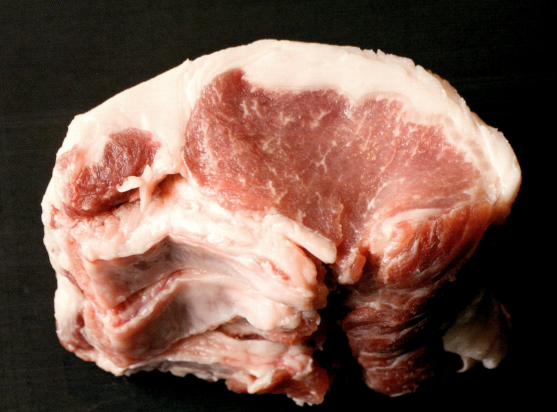

焼き上がり

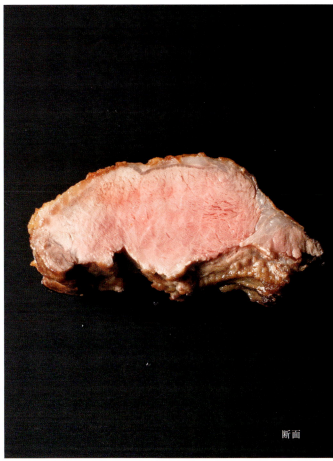

断面

工程

1 常温の肉

2 フライパン中火で脂身を焼く

3 オーブン270℃ 5分間   4 余熱3分間

5 オーブン250℃ 5分間   6 余熱5分間

7 オーブン220℃ 5分間   8 余熱3分間

9 オーブン270℃ 5分間（提供温度に上げる）

ポイント

- まずは脂身側を焼いて香りを全体にまとわせてから肉に火を入れる。
- 他の豚肉に比べて脂身が溶けやすいので、低温でじっくり焼かなくても高温短時間で充分脂が抜ける。

1　オリーブ油をひいたフライパンを中火で温めて、肉（538g）の脂身側を焼く。溶けやすい脂なので、切り目を入れず、高めの温度で焼き始めてよい。

2　脂が均等に抜けるように、肉をトングで持ち上げてフライパンにあたらない部分を焼く。

3　この程度まで脂が抜けて焼き色がついたら、肉側をサッと焼く。

6　裏返して脂身を下にして、270℃のオーブンで5分間加熱する。

7　オーブンから取り出して（460g）網にのせて3分間温かいところにおいて余熱で火を入れる。

8　溶けた脂で表面がしっとりしている。

4 　肉側はこの程度焼ければよい。脂身側を再度焼く。

5 　断面で焼け具合が判断できる。肉の中まではほとんど火が通っていない。484g。

9 　脂身を下に向けて再びオーブンへ。250℃で5分間。

10 　取り出して(439g)温かいところにおいて余熱で5分間火を入れる。2〜3割肉に火が入った。

11 　220℃のオーブンに入れて5分間加熱する。

12 取り出して(422g)、脂身を上に向け、温かいところにおいて3分間余熱で火を入れる。肉に8割程度火が入った。

13 低い温度で肉に火を入れたので、表面がしっとりしてきた。仕上げはオーブンを270℃に上げて表面をカリッとさせて、提供温度まで上げる。

14 焼き上がったイベリコ豚。400g。

オーブンの温度について

オーブンの設定温度にはそれぞれ意味がある。肉の質によって多少差はあるが、肉を焼く場合のおおまかな設定温度とその主たる目的は次のとおり。

温度	目的
60〜70℃	低温長時間加熱で保温しながら肉にしっとり火を入れたいときの温度。この温度では脂には火が入らない。
230〜250℃	肉に火を入れるための温度。230℃ならば、外側をパサつかせないで、ゆっくりと火を入れることができる。
270〜290℃	2通りの目的がある。 ① 提供温度まで上げる。 ② 肉を乾かし、メイラード反応をおこして濃く焼き色をつけつつ火を入れる。この場合数回出し入れしないと一気に火が入ってしまうので注意。

肩ロース肉 仔豚｜ブレゼ

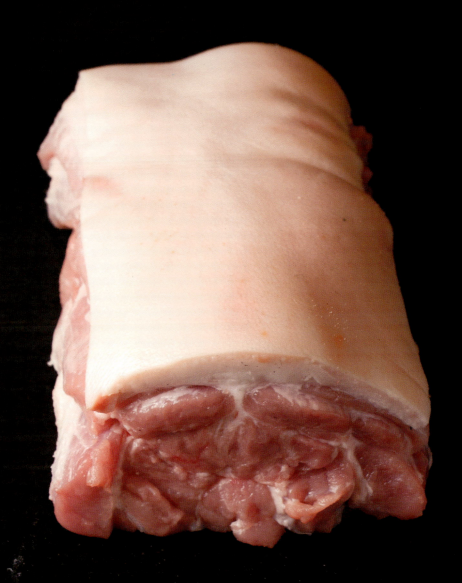

使用するのはカシュー仔豚の肩ロース肉。仔豚の皮は薄くて柔らかいので、皮つきで出回るのが一般的だ。この部位にはスジが多く入っているので、ブレゼ（蒸し煮）という加熱方法を選択した。ブレゼすると肉はある程度かたくなってしまうのだが、同時にスジのかたさは気にならなくなるからだ。

なおブレゼをする前に、皮側をしっかり焼いてこうばしい焼き色をつけておくが、焼いたときに皮が反り返らないようにきつめに均等間隔で糸をかけておくとよいだろう。

仕上がり

断面

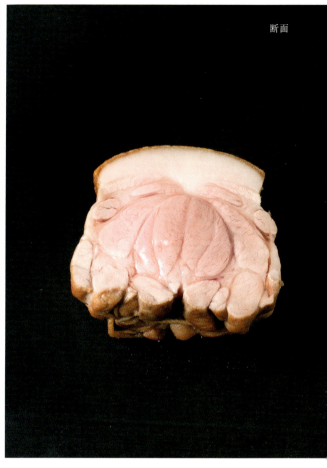

工程

1　糸をかける

2　鋳物鍋中火でリソレ

3　取り出す

4　鋳物鍋に野菜と煮汁を入れて煮詰める

5　肉を戻し弱火でブレゼ10分間

6　芯温確認（芯温35℃）

7　弱火でブレゼ14分間（芯温80℃）

ポイント

- スジが多いので、縮んで変形しやすいため、糸はきつめに結わく。
- 皮をこがさないようにリソレする。
- 皮つきは火が入りにくいため、他の肉のようにバターを塗ると、肉の温度が上がらないうちに表面がこげてしまうので、バターは塗らない。

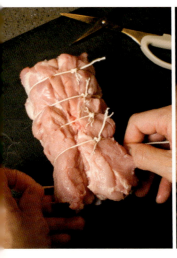  

1
肉に糸をかける。脂身を下に向けて、肉側でしっかりきつめに結わく。皮側にきれいな焼き目をつけたいので、結び目は肉側に。

2
火を入れると皮は反ってしまうのでしっかりと強めに均等間隔で結わく。477g。

3
鋳物鍋にオリーブ油をひいて中火にかけ、皮側から焼く。皮をこがさずにゆっくり火を入れたいので、常に中火を保つ。

7
肉を取り出す。リソレすることで皮にこうばしさがついた。

8
6の鍋に野菜（タルティーボ）を入れて、ジュ（オニオンジュースとソースヴァンルージュ → p.193）を加える。煮詰まったら調整水を加えて塩をふる。

9
煮汁をこの程度まで煮詰める。

10
ここに7で取り出した肉を戻し、蓋をして弱火でコトコト10分間ガスレンジで加熱してブレゼする。

4
焼き色を確認する。まだ焼き色が淡いので、引き続き皮側を焼く。

5
この程度まで焼き色がついたら、裏返して肉側をサッと焼く。

6
両側面も軽く焼いておく。

11
串を中心まで刺して、温度を確認する。このときの芯温は35℃くらい。蓋をして弱火でさらに7分間加熱する。

12
もう1度串を刺して温度を確認する。芯温は60℃をこえてきた。再度蓋をして7分間加熱し、80℃まで上げて仕上げる。肉の重量は380g。

もも肉・豚足 仔豚 ｜ 冷製料理

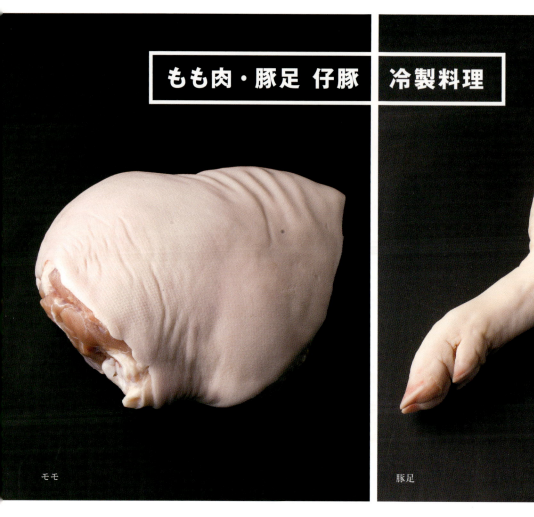

モモ

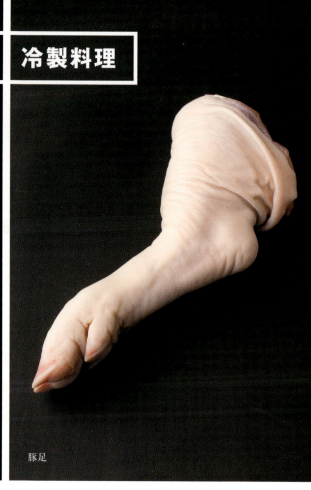

豚足

冷製の料理に一番合う肉は仔豚ではないだろうか。仔豚は肉の色が赤くないことでも想像がつくが、肉のにおいがまだ淡くてクセがないし、肉が柔らかいので冷製の料理に最適だ。幼いために、まだかたいスジになりきれていないゼラチン質に富んだプルンとした肉の食感を生かしていく。

ちなみにここで使用したカシュー豚はカシューナッツで飼育している豚で、肉にナッツのこうばしい香りがついているのが特徴だ。このカシュー豚の仔豚も成豚のクセがまだ出ていない分、この種が本来持っているナッツの香りをより感じることができるのではないかと思う。

さて仔豚の火入れはスジの状態で判断する。つまりどこまで火を入れると仔豚の柔らかいスジがゼラチン質に変化するかというポイントを見極めるということだ。

火入れのイメージとしてはロゼよりももう一歩先まで火が入っている感じ。しかししっとりとジューシーでプリンとした肉質を失わないようにしたい。

芯温は80℃まで上げる。この温度ならばジューシーさは充分残る。90℃になると肉の細胞がくずれてボロボロになるため、そこから肉汁が流出してしまうだろう。

モモ加熱後断面

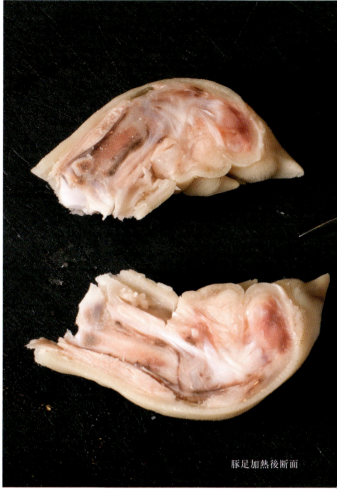

豚足加熱後断面

これが成豚の場合はどうだろう。芯温80℃ではまだかたさが残るし、血のにおいも残る。85℃くらいは必要だ。温度を上げるためには皮下脂肪を残す必要がある。ただし小指1本分くらいの厚さを残してそぎ落として、脂のしつこいねっとり感は落としておかなければならないだろう。

さて切り分けに関してだが、火入れ直後はまだ肉の内部で肉汁が動いている状態で、肉質が均一になっていないので、1日おくといいだろう。加熱直後に切り分けると、せっかく細心の注意をはらって火を入れたおいしい肉汁が多少なりとも流れてしまうことにもなる。

工程

1　常温の肉

2　ソミュール液に2晩浸ける

3　電磁調理器90℃で1時間半煮る

4　冷ます

5　さばく

ポイント

- 煮汁の中で冷まし、そのまま1日おく。

1
ソミュール液に、モモと豚足を浸けて2晩冷蔵庫に入れて味をしみ込ませる。モモ1446g、豚足463g。

2
鍋にフォンブラン（→p.201）をたっぷり注ぎ、モモと豚足を入れる。鍋を90℃設定の電磁調理器で1時間半加熱。バーナーならば、ごく弱火で温度を保つ。

3
火を止め、乾燥しないようキッチンペーパーをかけて冷ます。このまま1日おいて味を均一にする。写真は1日おいたモモと豚足。

   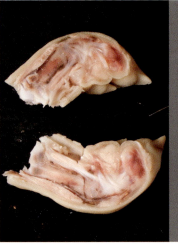

7
豚足をさばく。関節の周りにナイフを入れる。

8
関節を折ってスネをはずす。

9
足先の関節にも切り目を入れて手で折って足をはずす。

10
足の真ん中にナイフを入れて半分に切る。真ん中をはずすと切りにくくなる。

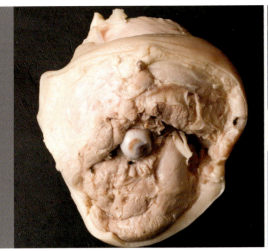

4

フォンブランから取り出したモモ。

5

モモの内側の大腿骨の上に包丁を入れる。

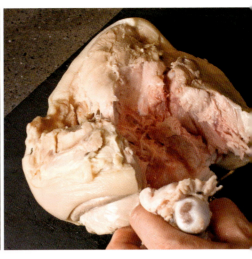

6

大腿骨をはずす。必要に応じて切り分けて用いる。

11

スネと足から骨を取り除く。

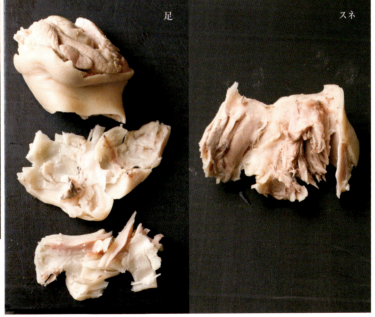

12

骨を抜いた足(左)とスネ(右)。

仔羊

Agneau

キャレダニョーの炭火焼き へしこのパスタ
→p.94＋p.194

セルダニョーのロースト 香草パン粉
→p.100＋p.194

仔羊肩肉コンフィ 新玉葱と炭
→ p.106 ＋ p.195

Agneau, Mouton 羊肉

仔羊（アニョー）はロゼ（ミディアム）に焼き上げることが求められる。レアでは、まだ周りの脂は溶けずにかたいし、肉の内部はジュースが動いていないので生の鉄っぽい味がそのまま残っているからだ。

アニョーは最適な加熱のストライクゾーンが非常に小さいため、私たち料理人にとってチャレンジしがいのある肉といっていいのではないだろうか。なにしろ食べておいしいと感じる温度はかなり高いのだが、ロゼに仕上げるためには、この温度は高すぎるからだ。食べておいしく、しかも肉はロゼの焼き加減で。これを実現するための加熱の温度帯と時間はかなり限られる。

どのタイミングでどこまで火を入れたらいいかは、その店の状況によって違うだろうが、いずれにしても提供時にストライクゾーンにぴったりと命中することが大切だ。肉が少し縮んで骨から離れてきたら6割程度火が通ったと予測できる。そして肉の側面と断面を手で押してみて、その感触で中のジュースが動き始めたかどうかを判断する。

火入れの状態が均一でない部分もあるので、足りないところに火が入るように調整しなければならない。そして金串を刺して、中心が食べておいしい温度になっているかどうかを確認する。

ここではニュージーランド産の雌のラムを使用したが、フランス料理で使われることが多いアニョードレ（ミルクフェッドラム）の調理法について話をしよう。アニョードレは高価な肉であるが、柔らかい肉質で、スジも柔らかくゼラチン化するために掃除する必要がほとんどなく、廃棄率が低くてすむのが利点である。普通のアニョー（ラム）とはまったく別物であると私はとらえている。

ラムは放牧されて草を食べているので、香りもあるし肉質もしっかりしている。しかしアニョードレの肉は白く、ラム特有の香りもほとんどない。表面の皮下脂肪も非常に薄い。

しかしこの薄い脂と肉の間にあるスジの数はラムと同じ。このスジに火を入れるためには、ある程度よ

キャレ

キャレ

く焼かなければならない。となると塊で焼くことになるが、中まで火を通すためには当然時間がかかる。時間をかけるとこの肉質ではおいしいジュースが抜けてしまう。

ではどうしたらいいか。チョップにして焼くか、薄く開いて火通りのよいファルスなどを包んで補うか、薄く切ってサッと炭火で焼くなどが考えられるが、いずれにしても短時間で火を入れる調理が合っているのではないだろうか。

月齢による羊肉の分類

羊肉はその月齢によってラム、ホゲット、マトンの3種に大別されている。ラムは生後約1年未満の仔羊でまだ永久歯が生えていないもの。ラムとマトンの中間をホゲットといい、下顎に永久歯が2本生えるまでの羊のこと。永久歯が2本以上生えている成羊がマトンである。しかしこの分類の基準は生産国によって若干ばらつきがある。

レストランで使われるのはラムが中心で、使えてもホゲットまで。マトンは肉がかたく、クセが強いため煮込み料理などに使うことをおすすめする。

ラムの分類

ラムは、その生育状態によってさらにいくつかの種類に分類されている。以下はニュージーランドでの分類である。

ミルクフェッドラム（アニョードレ：乳呑み仔羊、あるいはベビーラム）は牧草を食べる前の乳だけで4〜6週間育てた仔羊で、クセがない柔らかい肉質。市場に出回る数が少ないため珍重されている。

同じ乳だけで育った仔羊で月齢が6〜8週間とやや長いものはヤングラム。ちなみに母乳だけで3〜5カ月飼育したものをスプリングラムと呼んでいる。

一定期間乳で育てたあと、牧草で飼育した仔羊をグラスフェッドラムという。また大半の仔羊は出荷前に穀物で飼育されているが、これをグレインフェッドラムと呼んでいる。

ちなみにフランスでは、アニョーと名乗れる仔羊は、生後300日（10ヵ月）まで。さらに、生後20〜60日のアニョーをアニョードレとし、それ以降のアニョーと区別している。

キャレ／背肉｜炭火焼き

羊の背肉はキャレと呼ばれる。キャレダニョーといえば、仔羊の背肉のことをさす。キャレは通常骨つきの半身で出回っている。

草の香りのするアニョーは炭火の香りとの相性が抜群なので、ここではオーブンを使わずに炭火のみで焼き上げてみた。

キャレについている骨は背骨（胸椎）とアバラ骨（肋骨）でL字を形成している。肉はこの骨に守られているので火のあたりが柔らかくなり、身縮みや肉汁の流出が少なくなる。背骨をはずして焼くこともできなくはないが、あえて背骨を残すのはこのためだ。

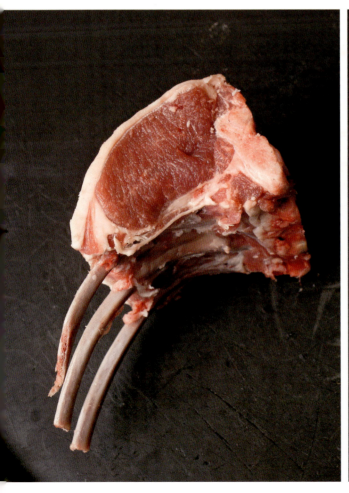

工程

1. 常温の肉
2. 炭火高温6分間（肉を温める）
3. 炭火低温9分間
4. 余熱14分間
5. 炭火低温4分間（火入れ6割）
6. 余熱5分間
7. 炭火低温（芯温65℃）

ポイント

- 炭火の高温と低温を使い分ける。
- こまめに肉を回して、少しずつ均等に火を入れる。

焼き上がり

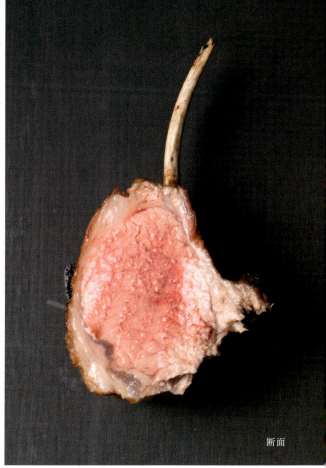

断面

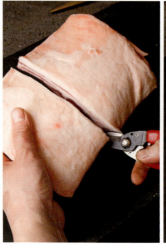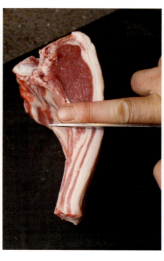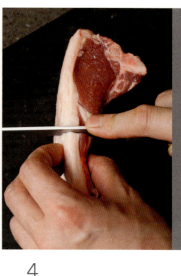

1
アバラ骨を上に向けて、骨の間にナイフを入れる。アバラに沿ってではなく、背骨に対して直角に切ると、仕上りが美しくなる。

2
脂側からもナイフを入れて、肉を切り分け、背骨をハサミで断ち切る。

3
ひとさし指の第1関節から上くらいの厚さがある部分を目安にナイフを入れる。

4
反対側からもナイフを入れる。

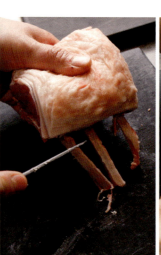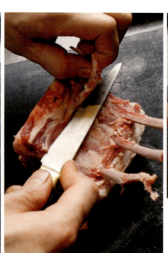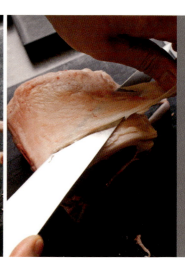

8
ナイフを入れた部分の肉をそぎ落とす。肉が薄く均等に火入れがしにくいので、別の料理に利用している。

9
アバラ骨は断面が菱形なので、骨に残った肉を4方向からナイフできれいにこそげ落とす。

10
内側についている脂と薄膜をはずす。膜を残すと火通りが悪くなるだけでなく、膜が縮んでかたくなってしまう。

11
外側の表面の脂の膜は乾いているので、ナイフでそぎ落とす。

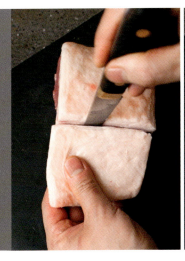  

5
脂側を上に向け、3と4で入れた切り目を真直ぐつないで切る。

6
骨側にも目安の切り目を入れておくとよい。

7
アバラ骨に沿って6の切り目まで肉を切る。

12
肉の断面の形に丸みをもたせたいので、アバラ骨が見える側の端の脂をそぎ取る。

13
炭火をおこし、高温（強火）で脂側から焼き始める。300g。

14
脂が落ちて炎が立ってきたら、移動する。炎が直接あたるとこげてしまうので注意。

15
焼き色がついたら肉を立てて別の面を焼く。まだ肉内部のタンパク質が変性する段階ではなく、肉を温めている段階。

16
骨側も焼く。断面以外にすべて焼き色をつける。焼き始めからここまで6分間経過。

17
全面に焼き色がついて中まで温まったら、低温(弱火のところ)に移す。まだ肉内部のタンパク質の変性はおきていない。

21
キャレを裏返して、3方向から火を入れる。押してみて、まだ柔らかい面があったら、そこに重点的に火を入れる。

22
骨についた肉が少し縮んできた(ここまでで火通りは6割ほど)。19からここまで4分間温めたら、火からはずし、5分間やすませる。

23
再び低温(弱火)にかけ、提供温度まで上げる(芯温65℃がベスト)。金串を肉の中心に刺して5秒間おき、唇で温度を確認して火からおろす。この段階で252g。

24
背骨ぎりぎりのところにナイフを入れる。

18
約9分間ほどかけて、肉を回しながら全面から少しずつ均等に火を入れる。肉を指で押して周りに張りが出てきたら、火からはずす。

19
火からはずして14分間やすませたら、再び低温(弱火)の炭火に移す。

20
15と比較するとかなり肉の状態が変化した。少しずつ肉の内部に火が通ってきている。

25
裏側から骨を切り、24の切り目から背骨を切りはずす。

26
骨1本ごとに切り分けて盛りつける。

セル/鞍下肉｜ロースト

焼き上がり

断面

セルは羊の鞍下肉。つまりキャレの後部の腰周辺の肉をさす。仔羊においてはキャレとセルの肉質にそれほど大きな差はないが、肉の形状が違うので、これを生かす調理法を考えた。

セルは背骨（腰椎）を中心に両側の身をつけて1枚に開いてあるので、骨を除いて半身に切り分け、厚い部分を切り開いて均一の厚さにし、ファルスを巻き込んでローストした。

工程

1 常温の肉

2 巻いて糸をかける

3 フライパン強火でリソレ

4 オーブン260℃ 6分間　　5 余熱5分間

6 オーブン260℃ 4分間　　7 余熱3分間

8 オーブン260℃ 2分半
（途中で表裏を返す、提供温度に上げる）

ポイント

- 加熱による変形を防ぐために、肉の間にあるスジや薄膜はていねいに取り除く。

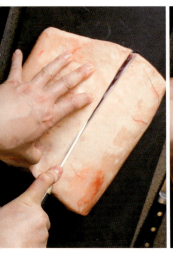   

1
脂側を上に向け、骨の上にナイフを入れる。

2
骨の側面に沿ってナイフを入れて肉をはずす。

3
肉を裏返して、骨の両側についているフィレミニョンを周りの薄膜を切りながらはずしておく。

4
天地を逆におきかえて、骨の下にナイフを入れて骨をはずし、2で入れた切り目から半身を切り分ける。

  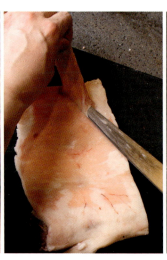 

7
身縮みを防ぐために、脂と肉の間にあるスジを取り除く。残すとスジに引っ張られて肉が縮んでしまう。

8
巻きやすいよう肉の厚さを均一にするために、脂などをそぎ落とし、四角く切って形を整える。

9
脂側を上に向け、乾いた表面の脂をそぐ。

10
整形したセル（335g）。フィレミニョン（57g）はセルに長さをそろえておく。ロニョン（23g）を用意する。

5

切りはずした半身の天地をおきかえて、内側の薄膜をそぎ取る。

6

骨の脇についているスジを切り落とす。

11

ファルス（フィレミニョン、ロニョン、山菜類）に塩をふる。

12

フィレの手前のほうにファルスをのせる。

13

手前からファルスを包むようにして巻く。

14
丸い筒状に巻き込む。

15
タコ糸をきつめに結わく（フィスレ）。肉の端を下向きにおくと結わきづらくなるので、端は上向きにする。

16
まず両端を結わき、中のファルスが動かないように固定する。次に真ん中を結わく。

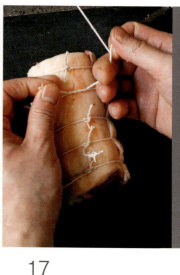

17
最後に間に2本糸をかける（418g）。

21
取り出して、温かいところでやすませて余熱で5分間火を入れる。途中で肉を回す。再び260℃のオーブンに4分間入れる。

22
取り出して温かいところで3分間余熱で火を入れる。この段階で8割まで火が通っている。

23
再び260℃のオーブンで2分半加熱し、提供温度に上げる。均等に火を入れるために途中で一度肉の天地を返す。

24
肉を取り出す（338g）。

18
油をひかないフライパンを火にかけ、17を入れて強火で表面を焼く。

19
肉を回しながら周囲を焼く。まだ肉の内部には火は入っていない。この段階は焼き目をつけ脂を落とす工程。

20
この程度まで焼き目がついて肉に火が入ったら、260℃のオーブンに入れて6分間加熱する。

25
温かいうちにすぐに切り、断面に香草パン粉をたっぷりのせて、サラマンダーで焼く。

エポール / 肩肉 ｜ コンフィ

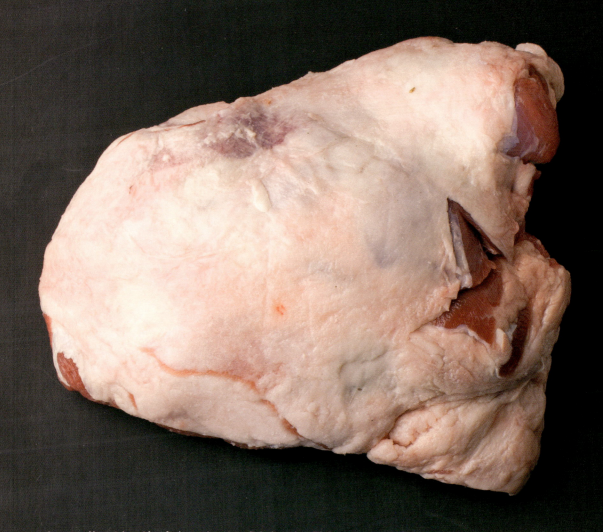

　キャレに比べるとスジが多くてかたいという印象がある肩肉だが、よく運動するので、ジューシーで旨みが多い部位でもある。よく動かすがゆえに、肩肉は筋線維が複雑に絡み合っている。加熱方法はローストでもいいと思うが、かたくなりすぎることがあるので、今回はコンフィにして筋線維を柔らかくする試みを行なった。

　コンフィは本来塩でマリネしてラードの中に沈めて低温で長時間加熱するという調理法である。が、今回のスチームコンベクションを使ったオーブンコンフィは、保存のために行なわれてきた従来のコンフィではない。そもそも目的が違う。コンベクションオーブンは常に安定した温度で加熱を続けることができるので、ラム肩肉のような小さな塊肉には最適の手法といえよう。

肉は柔らかくしたいが、肉らしい繊維質は残すというのがオーブンコンフィの火入れのイメージ。したがって芯温はある程度高く設定して90〜93℃くらいまで上げる。

仔豚のハム（→p.84）のようなしっとり感はないものの、長時間の加熱で肉は柔らかくなる。

なおコンフィの油にラードを使用すると酸化した香りがついてしまうので、無臭の太白胡麻油を使って、マリネ液のタイムとニンニクの香りをストレートに肉に浸透させたい。塊肉なので、真空パックにはせずに、そのまま油に浸けて加熱した。

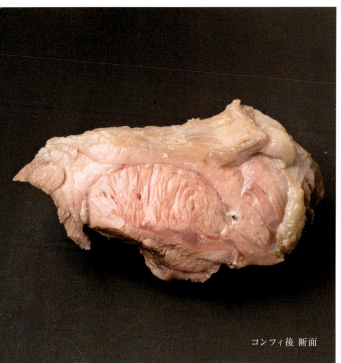

コンフィ後 断面

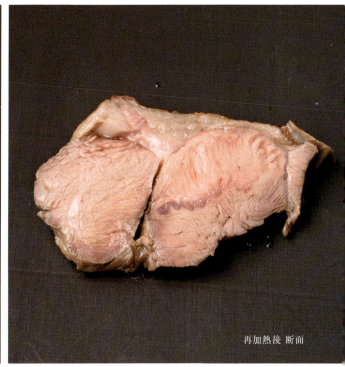

再加熱後 断面

工程

1 常温の肉

2 マリネ1晩

3 太白胡麻油に浸けて85℃

4 コンベクションオーブン（ホットエアーモード、ダンパー開いて湿度0％）95℃ 1時間10分

5 フライパンで再加熱（芯温75℃、提供温度に上げる）

ポイント

- マリナードの香りを生かすためにコンフィの油脂はクセのない油で。
- 加熱時は深さのある網バットを使用する。

1 　肩肉は常温に戻し、塩とグラニュー糖をふり、タイムとニンニクをまぶしてラップフィルムをかけて冷蔵庫で1晩おいてマリネする。1385g。

2 　深い網バットに太白胡麻油を注ぐ。1のラムから出てきた水分をふいて入れ、火にかける。網バットを使うのは、バットの底に直接触れないようにするためでもあり、出てきた水分が下にたまって、肉に触れないようにするためでもある。

3 　油が85℃になるまでガスレンジで熱する。

5 　串がグッと刺さるようになったら加熱完了。1208g。

4 　95℃のコンベクションオーブンのホットエアーモード（ダンパー開いて湿度0%）で1時間10分加熱する。

6 　提供時にフライパンで焼いて提供温度（芯温75℃）まで上げる。この程度の焼き色をつける。

Lapereau Volaille

家禽

パンタードのロースト 北海道のホワイトアスパラとムース
→p.126＋p.196

ラブローのフリカッセ
プティポワ フランセーズ
→ p.134 ＋ p.196

Volaille 家禽

ここでは家禽のなかでも個性が強いフランス産のブレス鶏（雌）、神奈川県産の地鶏の天城軍鶏（雌）、そして岩手県の石黒農場で飼育されているパンタード（ほろほろ鳥の雌）の3種類をローストという調理法で比較してみた。

ブレス鶏の肉は繊維が緻密で味わい深く旨みが大である反面、水分は少ない。また皮はゴムのように厚い。とくに胸の皮はどのように加熱しても非常にごわごわして食べにくいのが最大の難点だ。皮下脂肪はこの3種の中で最も少ないので、ブレス鶏のローストにはクリーム系のソースを合わせることが多い。

国産のパンタードはいかにも日本的な味わいの鳥といえよう。肉は水分が多くジューシー。皮は3種の中で一番薄く、ほどよく皮下脂肪を蓄えている。ぜひとも皮のおいしさを生かした火入れをしたい。パンタードのローストにはソースは無用。ソースなしでもいいほどの旨みを肉自体がもっているからだ。
ちなみに輸入物のパンタードではフランス・ロワール地方のラカン産が有名である。国産よりも一回り大きいラカン産ならば、ブレス鶏に近い火入れにしたほうがいいかもしれない。

さて最後の天城軍鶏は国産の地鶏である。シャモはブレス鶏とパンタードの中間的な肉質ではないかと思う。ブレス鶏よりもややおだやかであるが、充分旨みがあって噛み応えもある。写真を見るとわかるが、皮の色は黄色みがかっていて皮下脂肪もある。皮の厚さはブレス鶏とパンタードの中間くらい。シャモもパンタード同様、皮のおいしさを生かした火入れをしたい。若干の油脂分を与えたいので、バターとジュを合わせた軽めのソースがシャモのローストを生かしてくれると思う。

3種の比較

右頁の写真を比較してわかるように、ブレス鶏のモモはかなり大きい。コッフルは細長い形をしている。フランス人も日本人同様、モモ肉を好むため、モモの大きな鶏が求められるのかもしれない。
ブレス鶏のモモに比べるとパンタードはずいぶん小さいのが見てわかる。しかしその分胸肉は大きく張っている。

ブレス鶏

シャモ

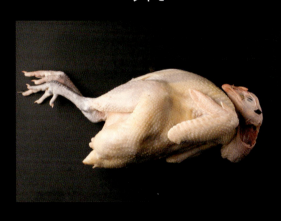 

パンタード

家禽コッフルとモモ 種類別 火入れの比較

パンタード

ジューシーで繊細な味。皮は薄く、皮下脂肪は均一にのる。おいしい肉汁を流出させないように低温のコンベクションでしっとり焼く。

フライパン	中火でリソレ
↓	
コンベクションオーブン	80℃（ホットエアーモード、ダンパー開けて湿度0％）で30分（火入れ8割）
↓	
フライパン	皮を強火で焼く
↓	
オーブン	290℃で3〜4分間

シャモ

脂ののり方は中程度。ジューシーさを残すために低温のコンベクションでしっとり焼く。肉は白っぽい。

フライパン	中火でリソレ
↓	
コンベクションオーブン	80℃（ホットエアーモード、ダンパー開けて湿度0％）で30分（火入れ8割）
↓	
フライパン	皮を強火で焼く
↓	
オーブン	290℃で3〜4分間

ブレス鶏

肉は白く皮下脂肪や水分が少ない。オーブンで強めに焼いて旨みを凝縮。分厚い皮は時間をかけてパリパリにリソレ。

フライパン	中火でリソレ
↓	
オーブン	250℃で7分
↓	
余熱	温かいところに5分間
↓	
オーブン	250℃で5分間
↓	
余熱	温かいところに4分間
↓	
オーブン	230℃で3分間（火入れ8割）
↓	
フライパン	皮を強火で焼く
↓	
オーブン	290℃で3〜4分間

リソレ後の焼き色比較

オーブンに入れる前にフライパンで焼き色をつけた段階での比較。
一番焼き色がよくつくのがパンタード。それに比べるとブレス鶏の皮は時間をかけて焼いているにもかかわらず、焼き色はやや薄いのがわかる。皮に焼き色がつきにくいのもブレス鶏の特徴。

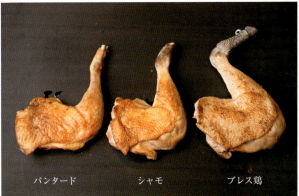

地鶏の定義

在来種純系によるもの、または在来種を素びなの生産の両親か片親に使った鶏で、在来種由来の血液百分率が50％以上のもの。飼育期間は80日以上、28日齢以降は平飼い（鶏舎内、または屋外で鶏が床面を自由に運動できるようにして飼育する方法）で1㎡あたり10羽以下の飼育が必要。

銘柄鶏の定義

両親が地鶏に比べて繁殖に優れた肉専用種といわれるもので、素びなの羽色が褐色系で「赤どり」といわれるものと「ブロイラー」といわれる通常の若鶏の場合がある。いずれも通常の飼育方法に工夫を加えた内容を明らかにした表示を行なったものをいう。出荷日齢は50〜70日。小売店においてもこれに準じて一定の表示を行なう。

一般ブロイラー

短期間で大きな肉を得るためにつくられた肉用種で出荷日齢は50日。現在の主流はホワイトコーニッシュとホワイトプリマスロックのかけ合せとなっている。

生のモモとコッフル

家禽コッフルとモモ
種類別 火入れ比較
ブレス鶏

モモ（左）とコッフル（右）
焼き上がり断面

ブレス鶏の肉は皮下脂肪や水分が少ないため、ジューシーさは期待できないのだが、噛み応えのあるしっかりした食感で旨みは強い。こうした特徴を生かすために、コンベクションではなく通常のオーブンで火を強めに入れて、旨みの濃縮感を強調した。もともと少なかった水分はさらに抜けていくのだが、しっかり噛みしめて肉の味を味わえるように焼き上げた。

ブレス鶏の一番の問題は皮だろう。皮下脂肪の少ないブレス鶏は、皮下脂肪のかわりに厚い皮でおおわれていて、非常に食べづらいため、これを除いて提供する料理人がほとんどではないかと思う。とくに胸肉の皮は厚く、火入れが終わった段階で、はずして提供することが多い。
しかしどうにかして皮をおいしく食べてもらいたいので、時間をかけてフライパンで焼き、皮から水分を徹底的に抜いて、パリッとした食感を与えた。時間をかけて皮を焼くことによって、オーブンでの加熱も補助できる。
なおブレス鶏はAOC認定を受けているフランス・ブレス地方産の鶏で、出荷のさいには、それを証明するラベルがパッケージに貼られる（→p.115）。

工程

1	常温の肉	2	バーナーで乾かす
3	さばく	4	バターを塗る
5	フライパン中火でリソレ（コッフル）、弱火でリソレ（モモ）		
6	オーブン250℃ 7分間	7	余熱5分間
8	オーブン250℃ 5分間	9	余熱4分間
10	オーブン230℃ 3分間（火入れ8割）		
11	提供時に切り分ける		
12	オリーブ油をひいたフライパンで皮を焼く		
13	オーブン290℃ 3～4分間（提供温度に上げる）		

ポイント

- 皮に焼き色がつきにくいので、こがさないように時間をかけてリソレする。
- 余熱で火を入れるさいは、皮側を上に向けてカリッとした触感を保つ。

  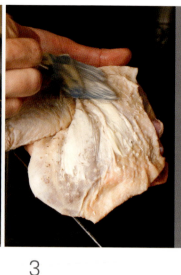

1
コッフルの皮に刷毛でバターを塗る。845g。

2
フライパンにオリーブ油をひき、中火（バターがこげない温度）で熱し、首皮から焼いて胸を張らせて形を整える。

3
並行してモモをフライパンで焼く。まずモモの皮側に刷毛でバターを塗る。2本で840g。

 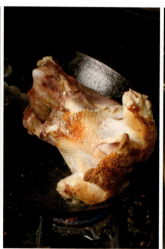  

7
コッフルの両側面も中火でしっかり焼き色をつける。

8
フライパンの縁などを利用して、全体に均一に焼き色をつけ、網の上に取り出す。コッフルの皮も焼き色がつきにくい。

9
モモとコッフルを250℃のオーブンに入れて7分間加熱する。モモのほうがやや火が通りにくいので、温度が高めの庫内の奥のほうに入れる。

10
比較的温度が上がらない手前のほうにはコッフルを入れる。

4
フライパンにオリーブ油をひいて弱火で熱し、皮側から焼き始める。皮に焼き色がつきにくいのもブレスの特徴。10分間ほどかけて焼き色をつける（パンタードの倍程度の時間）。

5
この程度色がついたら肉側をサッと焼いて取り出す。

6
コッフルが焼けるまで、モモは皮側を上に向け、網にのせて温かいところに保管。下に向けると蒸気で蒸れて食感が悪くなる。

11
モモとコッフルを取り出して、5分間温かいところにおいて余熱で火を入れる。

12
モモとコッフルを再び250℃のオーブンに入れて5分間加熱する。

13
モモとコッフルを取り出して、4分間温かいところで余熱で火を入れる。

14
モモとコッフルを230℃のオーブンで3分間加熱する。

15
モモとコッフルをオーブンから取り出す。肉の張りで加熱具合を判断する。8割火が通った時点でコッフルは775g、モモ2本は735g。

16
提供時にさばく。まずコッフルを切り分ける。胸側を上に向けて、胸骨に沿ってナイフを入れる。

17
骨に沿って胸肉をはずす。ササミも胸肉と一緒にはずす。

21
次にモモをさばく。ナイフで示した位置で切るのではなく、真っ直ぐに切ると、肉がムダにならず盛りつけしやすい。

22
スネを持ってモモを立て、真っ直ぐ下にナイフを入れる。もう一方のモモも、ここから27までの工程と同様に。

23
モモとスネをのばすと関節が見えてくるので、ナイフで関節を切る。

24
モモとスネを2つに切り分ける。

18
半身の胸肉を切りはずす。もう一方の胸肉も同様にして切りはずす。

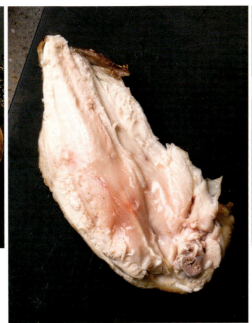

19
はずした胸肉。

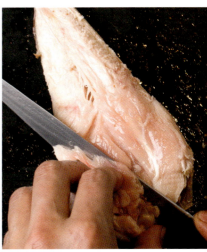

20
手羽元のつけ根を切り落として形を整える。

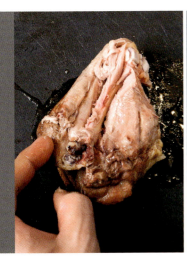

25
上モモの大腿骨の両側にナイフを入れて骨を出す。

26
大腿骨を持ち上げてはずし、スネとの関節で肉を切ってはずす。

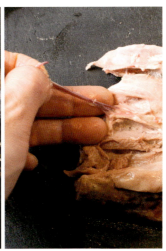

27
太い血管をはずす。この血管に火が通るまで加熱すると、肉に火が入りすぎてしまうので、ここではずす。胸肉、モモ肉ともにフライパンとオーブンで提供温度に上げて盛りつける。

鳥類をモモとコッフルにさばく

  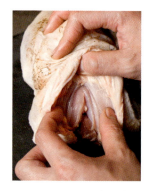 

1. バーナーで皮をフランベして乾かす。同時に皮の縮む方向を確認する。
2. 手羽元の中間で手羽を切り取る。元を少し残しておくと焼くときに安定する。取り除いた手羽はフォンなどに利用。
3. フルシェットをはずす。まず胸側を上に向け、首側の皮をめくり、V字の両側にナイフを入れて骨を出す。
4. V字の頂点のつけ根をハサミで切り離す。

9. 背側を上に向けて、中央に縦の切り目を入れて皮を切る。
10. 胸側を上に向けてモモを手で開く。
11. ソリレスを指ではずしてモモの関節を切りはずす。ブレスはモモが大きいので、ソリレスも他の鶏より大きい。
12. モモを手で引っ張りながら、尻までナイフで切ってはずす。

17. ガラのつけ根をハサミで切り取ってコッフルにする。
18. さばいたコッフルとモモ。

   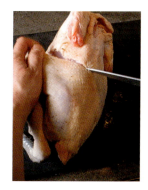

5 指で手前に引いて取り除く。

6 フルシェット。フルシェットは手羽元の関節の外側についているため、残したまま焼くと、切り分けるときにナイフがあたって作業がしづらくなる。

7 なるべく胸に皮を残したいので、指で皮を胸側に寄せながらモモの内側にナイフを入れて皮を切る。

8 横に向けて7の切り目から背のほうまでナイフを入れる。

   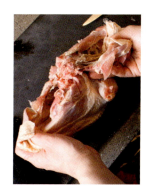

13 もう一方のモモも切りはずす。7と同様に皮を胸側に残してモモの内側の皮を切る。8の切り目につなげるようにナイフを入れる。背側の切り目は十文字となる。

14 モモを手で開き、ソリレスを指ではずす。ナイフで関節を切りはずし、尻のほうまで切りすすめる。

15 モモを手で引っ張ってはずす。

16 ガラの半分あたりにナイフを入れて切って、背ガラを起こしてはずす。

最初に皮を乾かす（フランベする）理由

バーナーでフランベすると、表面が乾くと同時に皮が少し縮む。縮み方を見ると、この後の加熱で皮がどの方向にどれくらい縮むかを予測することができる。この予測ができれば、さばくときのナイフを入れる位置の目安がつけやすくなる。

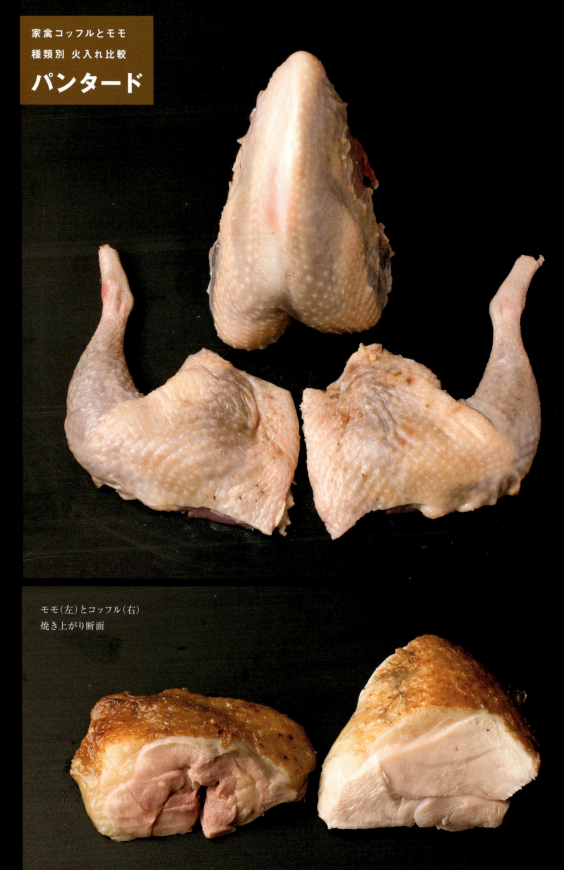

生のモモとコッフル

家禽コッフルとモモ
種類別 火入れ比較
パンタード

モモ(左)とコッフル(右)
焼き上がり断面

岩手県石黒農場産の雌のパンタード（ほろほろ鳥）を使用。国産のパンタードはフランス・ラカン産よりも一回り小さい。

国産パンタードはモモは小さく、胸はふっくらと大きく張っている。肉はジューシーで味わいはやさしく、いかにも日本的な家禽といえよう。比較的皮下脂肪が多いので、焼き色がつきやすく、肉がふっくらとふくらむローストに最適の鳥だ。皮は薄く、非常に軽いクリスピーな食感に焼き上がる。

シャモと同様に水分が多く、淡い味が持ち味なので、80℃のコンベクションオーブンでしっとりと加熱する。

工程

1 常温の肉
2 バーナーで乾かす
3 さばく
4 バターを塗る
5 フライパン中火～強火でリソレ
6 コンベクションオーブン（ホットエアーモード、ダンパー開いて湿度0％）80℃ 30分間（火入れ8割）
7 提供時に切り分ける
8 オリーブ油をひいたフライパンで皮を焼く
9 オーブン290℃ 3～4分間（提供温度に上げる）

ポイント

- 薄い皮の持ち味を生かすため、カリッと焼き上げる。
- 皮が薄いため、直接熱い天板に触れると破れてしまうので、網の上にのせてオーブンで焼く。

コンベクションオーブン庫内の位置

コンベクションオーブンは低温で長時間加熱するときは、庫内の位置はそれほど気にすることはないが、高温で短時間加熱する場合は、上段のほうが温度が高くなる。

1 モモとコッフルの皮側に刷毛でバターを塗る。コッフル820g、モモ2本で530g。

2 フライパンを中火で熱し、オリーブ油を少量ひいてコッフルを焼く。まず首皮を焼きつけて胸の皮を張らせる。最初は整形の段階なので、やや弱火で。

3 モモは高温に熱したフライパンで皮側から強火でしっかりと焼く。

7 コッフルを焼く。コッフルの正面、両側面の皮に焼き色をつける。

8 かなり焼き色がついてきた。

9 網の上にのせて油をきる。ブレス鶏やシャモに比べて、パンタードはきれいに焼き色がつくのが特徴。

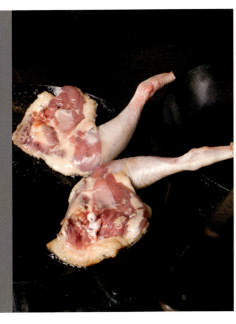

4　モモの足先をフライパンに立てかけてモモのつけ根のほうにも均等に焼き色をつける。

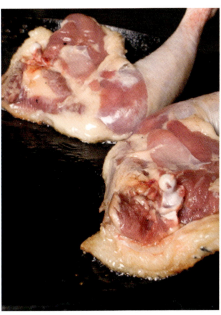

5　モモの周りが白っぽくなって火が入り始めたら裏返す目安。

6　肉側をサッと焼く。皮を押してみて、水分が抜けて乾いた板のようになっているか、皮の厚さはちょうどよいかを確認する。

10　モモは直接天板にのせると直に高温に触れてしまうので、網バットにのせて80℃のコンベクションオーブンで30分間加熱する。焼き上がりは2本で470g。

11　コッフルは天板に直接のせて10と同じコンベクションオーブンに入れて30分間加熱する。コッフルはオーブン内で風が出てくる方向に穴を向けると、より早く火が入る。コッフルは手羽元を残しているので少し持ち上がるため、天板に接する面積が小さいので天板に直置きしてよい。焼き上りは767g。さばき方以降はブレス鶏（→p.122）に準ずる。

家禽コッフルとモモ
種類別 火入れ比較
シャモ

生のモモとコッフル

皮は黄色みを帯びている。

天城軍鶏は「黒系シャモ」と「横斑プリマスロック」のかけ合せで生まれた地鶏。雌は黒色の羽根でおおわれているが、雄には白黒の横斑が見られる。

肉に含まれる水分や脂肪分、肉の締まり方、皮の厚さなどはブレス鶏とパンタードのほぼ中間。国産鶏のなかでは、かなりしっかりとした、味わいの深い鶏だ。皮は黄色みがかっているが、皮下脂肪のせいではない。

ブレス鶏に比べるとやや水分が多く、その分肉の味は淡いので、ジューシーさや繊細な味わいを残すためにコンベクションオーブン80℃で火を入れることにした。

モモ（左）とコッフル（右）
焼き上がり断面

工程

1　常温の肉
2　バーナーで乾かす
3　さばく
4　バターを塗る
5　フライパン強火でリソレ
6　コンベクションオーブン
　　（ホットエアーモード、ダンパー開いて湿度0%）
　　80℃ 30分間（火入れ8割）
7　提供時に切り分ける
8　オリーブ油をひいたフライパンで皮を焼く
9　オーブン290℃ 3〜4分間（提供温度に上げる）

ポイント

- 皮が縮みやすいので、火加減に注意してリソレする。

  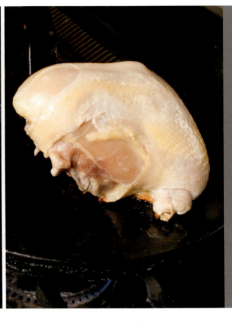

1　コッフルの皮に刷毛でバターを塗る。870g。

2　フライパンにオリーブ油をひいて中火で熱し、胸側を上に向け、胸がピンと張るようにおき、強火で首皮を焼きつける。

3　コッフルの側面を焼く。焼き色がついたらフライパンの縁を利用して胸側にも焼き色をつける。

  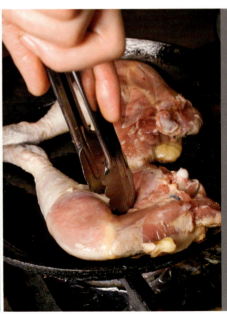

7　モモの皮側にも刷毛でバターを塗る。2本で615g。

8　モモは皮側から焼く。皮の縮み度合いが大きいので、パンタードよりもやや弱火で焼く。

9　モモは関節周辺に火が入りにくいので、このあたりを押しつけながら焼くとよい。

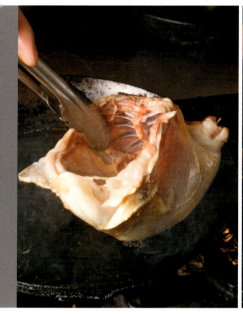  

4　胸の上側も焼く。

5　反対の側面にも焼き色をつける。

6　皮にこの程度の焼き色がついたら取り出す。

10　皮にこの程度の焼き色がついたら裏返して肉側をサッと焼く。指で押してみて肉に張りが出てきたら取り出す。

11　焼き色をつけたモモ。
＊ここから80℃のスチームコンベクションオーブンで30分間加熱する。これ以降の工程はp.129のパンタード10〜11と同様。焼き上がりはコッフル790g、モモ2本で545g。さばき方以降はブレス鶏（→p.122）に準ずる。

133

ラプロー/仔兎もも肉 ｜ フリカッセ

ラプロー（仔ウサギ）のモモ肉はフリカッセに。ラプローは脂が少なく、ウサギ特有の香りが高い。その肉汁はハーブのような香りがする。ラプローのような白い肉は焼きすぎると水分が抜けてパサパサになりやすく、香りも飛んでしまうため、水分を与えつつ火を入れることができるフリカッセを選んだ。

フリカッセには、しっかりリソレして濃い焼き色をつけるフリカッセと、淡い焼き色をつけるフリカッセがある。前者はしっかりと肉に火を入れていくが、後者は柔らかく火を入れていくというイメージを私は持っている。

ここでは後者を選択し、ラプローに柔らかく火を入れてしっとり感を残したフリカッセを目指した。したがって、ここでのリソレの目的は焼き色を強くつけるのではなく（かといってまったく焼き色をつけないわけではないが）、ラプローと相性のよいバターを使って、軽い焼き目をつけてバターの香りをのせていくことが目的となる。

リソレのあとで肉に火を入れる。じわじわと煮て、目標とするジャストの芯温で火を止める。これがラプローのフリカッセの火入れのイメージだ。

モモ

仕上がり断面

工程

1. さばく
2. 鍋でリソレ
3. 取り出す
4. ベーコンとオニオンエチュベを炒める
5. 肉を戻しフォンを注いでとろ火で5分間
6. さらに弱火3～4分間
7. ラップをかけて余熱2～3分間
8. 再加熱（提供時）

ポイント

- 白い肉は水分が抜けやすいので、強火でリソレしない。また強火で長時間煮込まない。あくまでもゆっくりと。

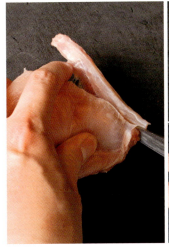

1 モモに残っている背骨と尾のつけ根の骨をはずす。

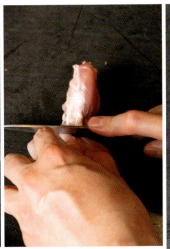

2 スネを切り落とす。

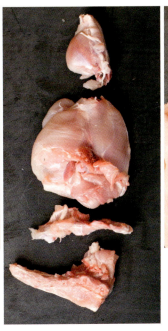

3 上からスネ、モモ、関節の骨、尾のつけ根と背骨。

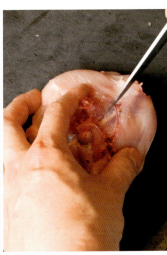

4 モモの内側を上に向け、大腿骨の上にナイフを入れて骨をむき出しにする。

5

大腿骨を取り出す。

6

骨をはずしたモモを使う。140g。このあと焼き色を強くつけるわけではないから、表面にバターは塗らなくてよい。

7

鍋にバター15gを入れて溶かし、ニンニク1片を入れて弱火で香りを立てる。

8

モモ肉を入れる。火加減はこの程度。表面にある程度こうばしさはつけたいのだが、焼き色は浅い色にとどめる。

12

ベーコンにこうばしさがついたら、オニオンエチュベ（→p.201）50gを入れ、白ワイン35gを入れて火を強め、アルコールを飛ばす。

13

フォンドラプロー（→p.196）100gを加え、沸いたら取り出した10のモモ肉を戻す。このときモモには余熱で1割程度火が入っている。

14

蓋をせず、ゆっくりと少し沸き立つくらいの火加減で、フォンをかけながら5分間火を入れる。途中で裏返す。この段階で7割5分程度火が入っている。

15

火を弱めてさらに3〜4分間加熱する。135g。

9
焼き色はこの程度。この段階では肉の内部にはほとんど火が通っていない。

10
裏側にも浅い色がついたら取り出す。

11
この鍋にみじん切りにしたベーコン16gを入れて炒める。ベーコンに焼き色はつけないが、こうばしさは多少加える。

16
バットに取り出してラップフィルムをかけて2〜3分間おく。

17
残った煮汁を煮詰める。塩と増粘剤1gを加えて、ゆるいとろみをつける。

18
皮をむいたエンドウマメ50gを入れ、オリーブ油8gを溶かし込んでとろみをつける。

19
ウサギを戻し、煮汁をからめながら提供温度まで温める。

ジビエ

Gibier

蝦夷鹿のロースト 海のスープ
→ p.148 ＋ p.197

猪のファルス　赤のソース
→ p.154 ＋ p.197

猪の花ズッキーニファルス
→p.158＋p.197

真鴨のロースト 蕪と鰹のだし
→ p.162 ＋ p.198

雛鳩のベニエとフラン

→ p.169 + p.198

蝦夷雷鳥と内臓のリゾット
→ p.174 + p.199

ひよどりの炭火焼き ソバージュ蜜柑
→p.180＋p.200

Gibier ジビエ

秋から冬にかけてジビエの季節が到来する。この時期のメニューに欠かせない季節感のある食材だ。ジビエとは狩猟によって捕獲された野生鳥獣の肉をいう。

以前まではレストランで使うジビエは輸入物がほとんどだったが、国内産の良質なジビエが入手できるようになったので、フロリレージュではおもに国内産を使っている。

日本国内のジビエの解禁期間は11月15日から翌2月15日と決められている（地域によって若干の違いがある）が、最近では農作物への害が増えているため、ニホンジカやイノシシなどを害獣としている自治体では、夏場でも害獣対策として捕獲することができる。

これまでジビエといえば個性的な熟成香が特徴で、それに合わせて濃厚なソースを合わせてきた。長期熟成で旨みが凝縮するキジをフランス語では「フザン」といい、熟成にあたる「フザンダージュ」という言葉は、このキジのフザンに由来しているほどだ。

しかし最近では、上手に熟成をさせた食べやすいジビエが好まれるようになってきた。私もジビエ本来の風味を生かすため、臭気が出るまで熟成をさせたジビエは使っていない。したがって合わせるソースは以前のような濃厚なものではなく、ジュであったり、赤ワイン系でも軽めに仕立てたものを合わせることが多くなった。

蝦夷鹿

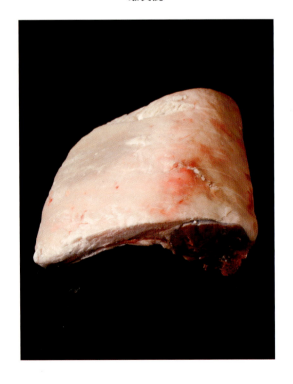

猪

真鴨

蝦夷雷鳥

雉鳩

ひよどり

蝦夷鹿｜ロースト

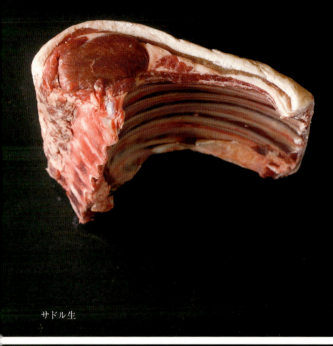

サドル生

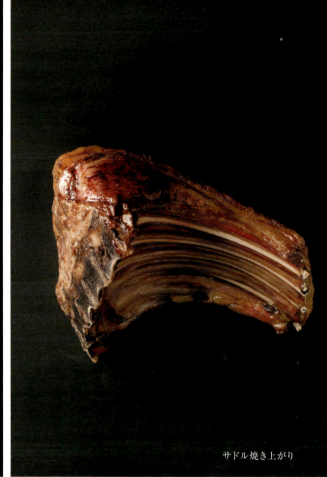

サドル焼き上がり

切り分けた部分の焼き上がり

断面

ジビエは猟師の腕もさることながら、しとめたあとにすみやかで適切な放血処理、内臓除去をほどこした獲物であることが一番大事だ。これらが不適切になると、肉に臭みがついて使い物にならなくなってしまうからだ。適切な処理をした肉を仕入れれば、臭みはほとんどないため、リソレをせずにローストでき、ジビエ本来の香りを楽しむことができる。

ここではサドル（肩ロースからセルまで）で20kgの12月の十勝産エゾジカの腰に近いロース肉を使用した。この部位は、かぶりの部分がなく、牛でいうとシャトーブリオンにあたる。また肉の繊維もそろっているため、均一に火を入れやすい部位でもある。

シカの肉は比較的繊維が粗いのが特徴なので、加熱すると肉汁が抜けやすい。少しでもこの流出を防ぐために骨つきで焼くことにした。骨つきは火のあたりは柔らかくなるのだが、当然温度はゆっくり上がるため、適温まで上げると肉汁が抜けてパサついてしまう。したがって最初は骨をつけたまま焼き、8割ほど火が入った段階で骨をはずし、提供温度まで上げる方法をとった。

工程

1. 常温の肉
2. オーブン270℃ 7分間（脂側）
3. 余熱5分間
4. オーブン250℃ 5分間（骨側）
5. 余熱5分間
6. オーブン230℃ 4分間（脂側）
7. 余熱4分間
8. オーブン230℃ 4分間（骨側）
9. 余熱4分間おく（火入れ8割）
10. 提供時に骨をはずす
11. オーブン280℃ 5分間（提供温度に上げる）

ポイント

- 肉質が粗いので、加熱すると肉汁が出やすいため、骨つきで火のあたりを柔らかく。

1 均一に温度を上げるために、シカの全面にバターを塗る。骨がついている内側にもまんべんなく。重量は700g。

2 網をかませたフライパンの上に、脂側を上に向けてのせ、270℃のオーブンに7分間入れて脂身に火を入れる。オーブンの輻射熱は下から脇、脇から上に回るため、強く火を入れたい側をまず上に向ける。脂身を上にすれば、肉への影響が少ないし、脂身が熱くなれば肉全体の保温効果も期待できる。高温で脂身に火を入れて肉全体を温める段階の加熱。

  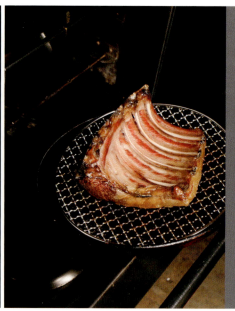

6 裏返して脂側を上に向け、230℃のオーブンで4分間火を入れる。脂側はすでに充分熱くなっているので、230℃でも中まで火が通る。

7 取り出して温かいところにおいて4分間余熱で火を入れる。重量は668g。

8 余熱後の中心温度は約50℃。骨側を上に向け、230℃のオーブンで4分間加熱する。表面はすでに充分乾いているので温度を下げても湿らない。

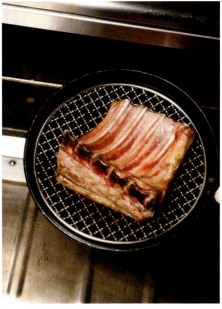

3 取り出して温かいところで5分間やすませて余熱で火を入れる。肉をやすませる場合、厨房内で一定の温度を保てる場所を決めておくとよい。

4 表裏均等に火を入れるために肉を裏返して250℃のオーブンで5分間加熱し、肉(骨側)に火を入れる。肉側は270℃まで上げる必要はないが、肉の表面をカリッと乾かしながら焼きたいので、一気に230℃まで下げるのではなく、250℃を選択。

5 取り出して温かいところに5分間おいて余熱で火を入れる。取り出した段階で6割程度火が入った。重量は670g。

9 取り出して温かいところにおいて4分間余熱で火を入れる。

10 火入れを終えたエゾジカ。重量は654gになった。この段階で8割まで火入れが進んでいる。

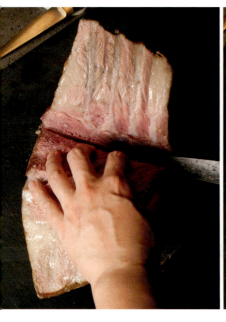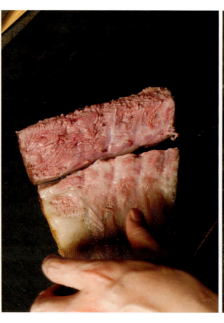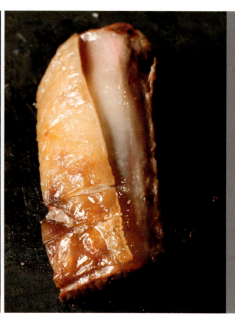

11　骨を切りはずす。

12　芯とバラを切り分ける。

13　脂身をはずしたところ。芯とバラの合計で300g。

14　肉の内側を上に向けて、280℃のオーブンで5分間焼く。火を入れたい側を上に向けること。肉の表面の白いゼラチン質が透明になったら焼き上がりの目安。最適な状態に火が入り、提供温度まで温度が上がった。

15　焼き上げたエゾジカ。重量は280g。

猪 | 真空

静岡・天城産の1頭40kg（内臓抜き）のイノシシのロース肉を用意した。イノシシの脂には旨みがあるので、これを生かすことを考えた。フォワグラのコンフィとファルスをイノシシのロース肉で巻き、その周りをさらにイノシシの脂で巻いて真空にしてコンベクションオーブンで低温長時間加熱した。真空にすることによって、保形性が高くなり、ひいては安定した火入れにつなげることができるからだ。中心のフォワグラのコンフィにはすでに火が入っているので、温まればよい。ロース肉とファルスに火を通すイメージ。

工程

1. 常温の肉
2. 薄く開く
3. ファルスを巻く
4. 糸をかける
5. 真空にする
6. コンベクションオーブン（スチームモード）85℃ 1時間15分
7. 提供時に切り分ける
8. コンベクションオーブン（スチームモード）85℃ 5～6分間（提供温度に上げる）

ポイント

- イノシシの脂のおいしさを生かすとともに、ロースにしっとりと火を入れるために脂を周りに巻いてガードした。
- 均等に火を入れたいので、形を整えて真空にかける。

加熱前

焼き上がり

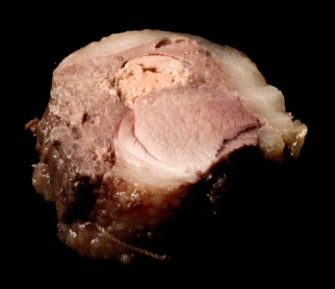

断面

1　厚い部分の脂を薄くそいで開く。

2　肉の部分に薄く塩をふる。

3　フォワグラのコンフィをのせる。

7　真空袋に入れて、イノシシのジュ250g（→p.197）を入れて脱気する。

8　全体に均等に熱が回るよう、網バットの上にのせ、コンベクションオーブンの85℃のスチームモードで1時間15分加熱する。

9　コンベクションから取り出してこのまま冷ます。冷めたら冷蔵庫で保管する。最終的な重量は785gとなった。

4 ファルス160g(→p.197)をフォワグラにかぶせる。

5 脂で巻き込む。

6 均等な間隔でタコ糸をかけて結わく。フォワグラとファルスを巻き込んで重量は約820gとなった。

10 袋内に残った煮汁はソースに使う。提供時に切り分け、深めのバットに入れてラップフィルムをかけて串で穴を開け、85℃のコンベクションオーブン(スチームモード)で5〜6分間温める。

猪 挽肉｜炭火焼き

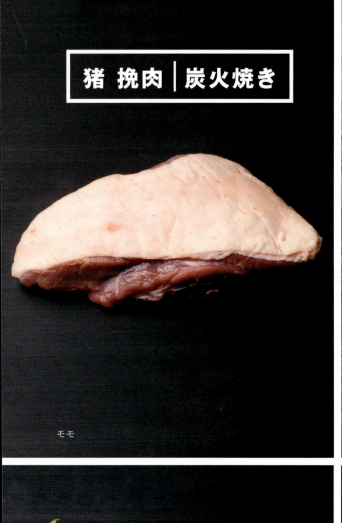
モモ

手切り挽肉

ズッキーニの花挽肉詰め

焼き上がり

断面

挽肉にするには、包丁で刻む方法と肉挽き器で挽く方法がある。大量の肉を挽くときには肉挽き器が有効なのだが、つまるところ肉を穴から押し出すわけで、肉の繊維を潰すことになるため、加熱によって肉汁が出やすくなり、当然味も落ちてしまう。

その点、少々手間がかかるが包丁で手切りにすると肉が潰れず、粒の大きさも加減できる。手切りによって生じる粒のバラつきが、肉の食感を感じさせてくれるために肉料理としての主張が際立ってくると思う（ここでは和歌山県産の雌イノシシのモモ肉を用いた）。

挽肉の利点の一つは、コラーゲンや旨みはたっぷり持っているものの、そのままでは少々かたい部位が、細かく切ることによって食べやすくなること。

また形を変えられる自由度の高さも挙げられる。あらゆる形に成形ができるし、ファルスとして中に詰めることもできる。また細かくほぐすこともできる。肉の中に肉以外の香りや味を混ぜ込めることもポイントとなる。塊肉にはない食感も持ち味なので、使い方次第では面白い食材といえる。

あくまでも感覚的なもので、正確に測定したわけではないのだが、挽肉は同じ大きさの塊肉より1.5倍くらい火の入り方が早いような気がする。

塊肉に比べて表面積が大きく、早く火が通る分、肉汁は流出しやすくなるため、焼く、揚げるなどして、整形する作業がまず必要となるだろう。

今回は詰め物として挽肉を利用する方法を紹介する。薄いズッキーニの花に挽肉のファルスを詰めて、炭火で焼き上げた。強火で短時間で焼き固めるのではなく、周りを乾かすような感覚でじっくり火を入れていく。炭火による遠赤外線の効果で、内側からふっくらとふくらませて焼き上げることができる。

工程

1 常温の肉を手切り

2 他の材料を混ぜてファルスとする

3 詰める

4 串を打つ

5 炭火（低温）

ポイント

- 肉はミンサーにかけず包丁で切る。

1　イノシシモモ肉を筋肉ごとに切り分ける。スジや血の塊を取り除く。

2　肉の繊維を断ち切るように、斜めにスライスする。

6　ズッキーニの花のめしべを取り除き、ここに5をたっぷり詰める。

7　ズッキーニの花のつけ根から2本平行に串を打つ。1本40g。手で握って形を整える。

8　周りを乾燥させる程度の火加減でじっくり焼く。

3　これをさらに細切りにし、みじんに切る。大きさにバラつきがあるほうが肉の食感が出しやすい。

4　挽肉150gにエシャロットのみじん切り10g、乾燥シャンピニオン2g、牛骨髄10g、コンソメ10g、塩2gをボウルに合わせる。

5　粘りが出ないようにさっくりと混ぜる。

9　この程度焼き色がついたら裏返す。

10　何度か返しながら、この程度までじっくり焼く。重量は減っているが、焼きはじめよりもふっくらとふくれている。1本35g。

真鴨 | ロースト

羽を抜いた状態

モモ

コッフル

焼き上がり

モモ断面

コッフル断面

マガモは数あるカモ類の中で一番大きく、可食部も大きい。とくにコルヴェールと呼ばれる雄の青首ガモは2kgをゆうに超えるものもあるほどだ。味も雄のほうが雌よりも一層濃厚で力強く感じる。一方、雌はやや小ぶりだが肉が柔らかい。私はいつもこちらを好んで選んでいる。味はいくぶん淡いものの、脂ののりがよく、肉も柔らかく、香りは雄にひけを取らない。

よい時期は狩猟方法や産地によって違いがある。ジビエの解禁は11月から翌年2月。餌付けして捕獲したカモは、早い時期から脂がのっているのだが、それ以外のカモは、年明けの1月頃から脂がのってくる。ここでは鹿児島県出水産のマガモを使用した。

マガモに限らず、カモ類全般にいえるのだが、筋線維の密度が粗いため、低温であっても長時間加熱すると肉汁が抜けて肉がパサパサになってしまう。60℃でも流出は避けられない。

それを防ぐために、短時間の加熱をくり返すという方法をとった。こちらのほうが肉汁の流出を防ぐことができるし、肉にカモ特有の赤色が残りやすいのではないかと思う。

骨をはずすと肉汁が抜けて肉が縮みやすくなるので、ここではコッフルとモモにさばいて骨を残し、柔らかく火を入れることにした。

	工程		コッフルの工程		モモの工程
1	熟成10日間	8	オーブン230℃ 3分間	8	温かいところにおいて余熱で火を入れる。
2	常温の肉	9	余熱3分間	9	提供時に骨を抜く
3	羽を抜く	10	オーブン200℃ 3分間	10	フライパンで提供温度に（芯温70℃）
4	バーナーで乾かす	11	余熱10分間（火入れ7割）	11	シズレ
5	さばく	12	オーブン270〜280℃ 3分間		
6	フライパン強火で揚げ焼き	13	提供時に切り分ける		
7	右の通りに火を入れる	14	フライパンで提供温度に（芯温60℃以下）		
		15	シズレ		

ポイント
- 提供時にフライパンで温めるときは、これ以上肉に火が入らないように注意。

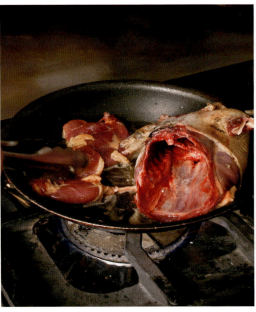

1　フライパンを熱してオリーブ油とバターを入れて溶かす。

2　コッフルとモモ（計500g）を強火で熱したたっぷりの油で揚げ焼きして表面の皮を張らせて焼き色をつける。肉にダメージを与えないように注意。

3　コッフルは向きを変えながら全面にこうばしい焼き色をつける。

7　取り出して10分間余熱で火を入れる。この段階で火入れは7割程度。肉の温度が落ち着いたら270〜280℃のオーブンで8割まで火を入れる。

8　コッフルの胸骨の両側にナイフを入れる。

9　この切り目から胸肉を切りはずす。

4 モモは先に取り出して温かいところにおく。皮が湿らないように上に向ける。

5 写真程度までしっかり焼き色をつけたら、230℃のオーブンにコッフルを入れて3分間加熱する。

6 取り出して（写真）、3分間余熱で火を入れたのち、200℃のオーブンで3分間加熱する。

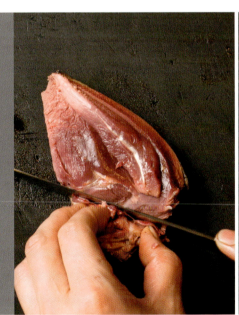

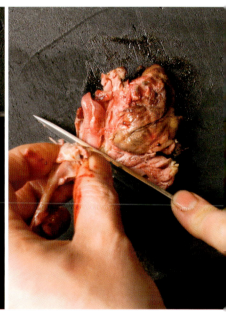

10 手羽のつけ根を切り落とす。

11 モモは大腿骨に沿って内側に包丁を入れる。

12 関節部分の腱を切りはずし、大腿骨とスネの骨を取り除く。

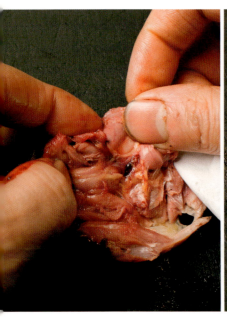

13 モモの内側の肉に太い血管が通っているので(左側人差し指)、抜いておく。残すといくら焼いてもここから肉に血がにじんでくる。

14 さばいた胸肉(ササミつき)105gとモモ肉27g。ササミをはずしておく。

15 フライパンにバター少量とオリーブ油を入れてブールノワゼットの手前まで熱し、胸肉とモモを皮側から焼く。こうばしさと歯切れをよくする。

16 裏返して肉側を焼く。

17 ササミはあとから入れて表裏を短時間で焼いて取り出す。

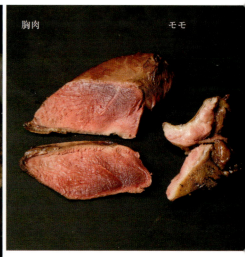

胸肉　モモ

18 このカモは皮が薄かったので、焼く前にシズレ(細かく格子状の切り目を入れること)すると、切り目から必要以上に火が入るので、焼き上げてからシズレした。本来は1の前にシズレし、脂をじっくり落としながら焼き上げる。

マガモのさばき方・コッフルとモモ

1 羽を抜いたマガモの頭と手羽をハサミで切り落とす。手羽はスジがかたいので、フォンに用いる。

2 首の皮をハサミで切って開く。

3 首ヅルをつけ根で切り落とす。

4 すべらないようキッチンペーパーでエサブクロ（食道）を引っ張って抜く。

5 エサブクロと気管。

6 胸を上に向けてモモの内側の皮をなるべく胸に残すように指で張らせて押さえ、モモの皮を切り、つけ根あたりから背側まで切り目を入れる。

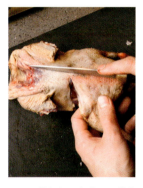

7 背を上に向けて、背骨に沿って縦に包丁を入れる。

8 6の切り目から肋骨に沿って7の切り目まで肉をはずしてモモを切り離す。ソリレスはモモにつける。

9 もう一方のモモをはずす。なるべく皮を胸に残すように切り目を入れる。

10 7の切り目まで切りすすめてモモをはずす。

11 尻の周りを切っておく。

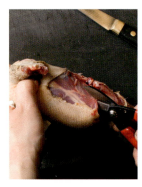

12 胸を上に向けて、尻のほうから肋骨の半分のところを頭のほうに向かってハサミで切りすすめる。反対側の肋骨も同様に。

13 12の切り目から肋骨を起こして、内臓とともにはずす。

14 コッフルからフルシェットを取り除く。フルシェットの周りに包丁を入れて骨を出し、指で倒してはずす。

15 足の周りを1周包丁で切り、指で足をクルクル回して腱を抜く。両足とも同様に。

16 コッフルとモモにさばいたマガモ。

| 雉鳩 | 衣揚げ |

キジバトは小型の鳥で、その肉質は緻密で繊細である。比較的マガモに似ているのだが、マガモよりも脂は少ない。

しかし肉は柔らかく、鉄分が強く感じられて香りも高い。この野生味を少し和らげるために揚げる前にはマリネを行なった。旨みを付与する効果も期待してマリネ液にはヴァンルージュソースを選択。カリッとした食感を皮に与えるために、ハチミツを少量加えてキャラメリゼの効果も狙った。

キジバトの特徴の一つである脂の少なさを考慮し、ここでは真空にしてコンベクションオーブンであらかじめ肉の芯温を上げておき、そのあとベニエ衣をつけて高温短時間で揚げるという手法をとった。衣揚げにはするが、皮のクリスピーな食感は残したいので、衣は肉側のみにつける。コクを与えるためでもあるが、小型のキジバトは、短時間で芯温を上げないとパサついてしまうので、コンベクション＋揚げるという手法を選択した。

羽を抜いた状態

2枚にさばいた状態

揚げ上がり	断面

工程

1. 1週間熟成
2. 2枚にさばく
3. 真空
4. 1晩マリネ
5. コンベクションオーブン（スチームモード）60℃ 8分間
6. 200℃の油で6分間揚げる

ポイント

- コンベクションで中心まで温めてあるので、短時間で揚げる。

1　2枚にさばいたキジバトを真空袋に入れ、マリネ液（赤ワイン20gとハチミツ2g）を注いでハトになじませて脱気する。1枚93g。

2　この状態のまま1晩おく。

3　翌日、60℃のコンベクションオーブン（スチームモード）で8分間加熱する。ここでは中心部まで温まればよい（芯温40℃）。4割ほど火が入った。

4　コンベクションオーブンから取り出した状態。

5　刷毛で薄力粉をまぶす。

6　ベニエ衣(→p.198)を刷毛でモモの内側にのせるようにしてつける。

7　200℃に熱した揚げ油に衣側を下に向けて入れる。

8　勢いよく気泡が立つ。何度か表裏を返して短時間(30〜40秒ほど)で揚げる。

9　こうばしい色がついたら取り出す。1枚50g。

10　肉を休ませる必要はない。熱いうちにすぐに盛りつける。ここでは切り分けたが、実際の提供時は切らずにそのまま盛りつける。

キジバトを2枚にさばく

1 頭を切り落とし、両方の手羽をつけ根の手前で切り落とす。

2 背を上に向けて首の皮を縦に切り、首ヅルを取り出して切る。

3 エサブクロ（食道）と気管を指でつまんで取り除く。

4 フルシェットの周りに包丁の切っ先を入れてV字の頂点を引っかけてはずし、手で取り出す。

5 胸骨の両側に包丁を入れる。

6 この切り目から肋骨に沿って肉を切りはずしていく。

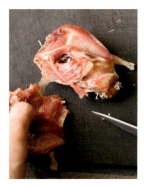

7 半身を切りはずす。

8 もう一方も6と同様に、胸骨の切り目から助骨に沿って肉をはずしていく。

9 手羽元のつけ根を切り落とす。もう一方の身も同様に。

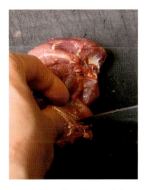

10 大腿骨に沿って肉を切り、骨をむき出しにする。

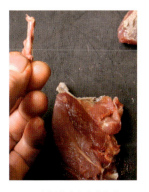

11 大腿骨を切り落とす。

12 2枚にさばいたキジバト。

蝦夷雷鳥 | ロースト

コンベクションで焼いた状態

糸をかけた状態

コンベクションで焼いて切り分けた胸（上）とモモ（下）

仕上がりの胸

本州に生息するライチョウは特別天然記念物に指定されていて狩猟ができない。このため出回っているのは輸入物がほとんどだが、唯一北海道のエゾライチョウは捕獲ができる。

エゾライチョウの肉は赤肉と白肉の中間のロゼ色だ。このような色の肉は、さばいてから焼くと断面がダメージを受けやすいので、丸のままローストした。

しかし肉質が違う部位が混在しているので、それぞれ同時にベストな加熱状態にするために、何回かに分けて火入れをする必要がある。コンベクションオーブンでの加熱のあと、部位ごとに切り分けて、ウォーマーで保温し、最終的に温めたフォンで提供温度まで温めて仕上げた。最終的な火入れはかなりレアに近いミキュイ（半生）を目指す。

さて加熱以前の熟成について。ここでは羽と内臓つきのまま10日間冷蔵庫に吊るして熟成させた。これくらいがベストだと思う。

20日間熟成したり、輸入物のライチョウをさらに10日間熟成すると、熟成香が出てくる。こうした熟成の進んだライチョウを使用する場合、クセをある程度封じ込めたいならば、焼き色をより強くつけるといいのではないだろうか。

工程

1. 10日間熟成
2. 羽を抜く
3. バーナーで乾かす
4. 内臓抜く
5. 糸をかける（フィスレ）
6. フライパン中火でリソレ
7. コンベクションオーブン（ホットエアーモード、ダンパー開いて湿度0％）65℃ 30分間（焼き色強める）
8. さばく
9. ウォーマー 60℃ 30分間（芯温45℃）
10. 65℃のフォンで温める（提供温度に上げる）

ポイント

- 比較的小型の鳥なので、丸のままオーブンで6割程度まで焼いて、過度に火が入らないようにする。

1　バターを周りに塗る。

2　フライパンを中火で熱し、形がくずれやすい胸（左右とも）→モモ→肩の順にリソレする。

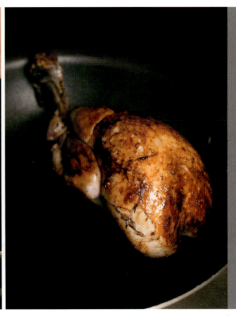

3　この段階で表面のみに火が通っている（1割程度）。

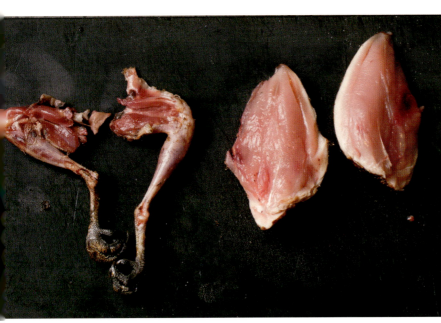

6　切り分けたモモと胸肉。

7　バターを塗ったバットにのせてラップフィルムをかける。

4　網バットにのせて65℃のコンベクションオーブン（ホットエアーモードでダンパーを開けて湿度0％）で30分間焼いて取り出す（芯温40℃）。

5　オーブンから取り出したエゾライチョウ。タコ糸を抜いてモモ、胸肉をはずす。

8　60℃設定のウォーマー（実際は55℃程度）に入れて30分間おく。芯温を45℃まで上げる。

9　フォンを65℃に熱してモモと胸肉を入れて火にかけ、1.5分間加熱する。途中で裏返す。フォンの温度は最終的に80℃まで上げる。

10　1分間たったら胸肉を先に取り出す。1.5分間たったらモモを取り出す。ミキュイ（半生）程度の火入れを目指す。

エゾライチョウの下処理

1 大きいビニールの袋の中にエゾライチョウを入れて手羽と頭をハサミで切り落とす。

2 羽が飛び散らないように霧を吹いてぬらし、手でもんでなじませる。胸が一番大切なので胸側から羽を抜き始める。

3 すべての羽を抜いたエゾライチョウ。バーナーで残った羽を焼ききる。

4 首皮を切って首ヅルをむき出しにして切り落とし、エサブクロを引っ張って取り除く。

 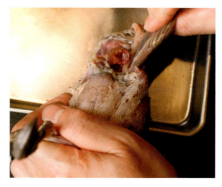 

5 フルシェット(鎖骨)をはずす。

6 尻(ボンジリ)を切って、指で内臓を引き出す。

7 散弾銃のあとに羽がくい込んでいたら取り除く。

8 胸を上に向け、尻の下に糸を通し、足の関節を持ち上げてタコ糸で結わく。糸を2回からげて引っ張る。

9 両側のモモの内側に糸をくい込ませるようにかけて、背を上に向けて手羽元までわたす。

10 手羽元を押さえて糸を2回からげて引っ張り、しっかり結ぶ。

11 モモがぴったりと閉じ、胸に張りができた。

腹側

背側

ひよどり｜炭火焼き

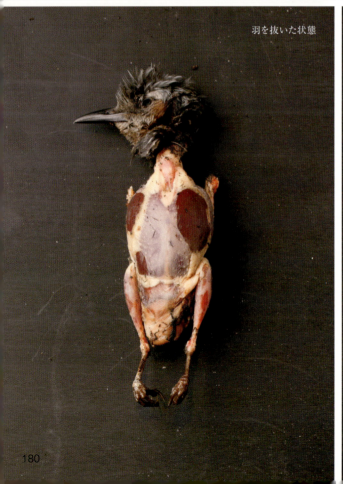

羽を抜いた状態

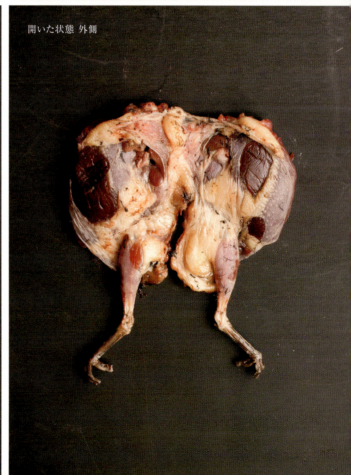

開いた状態 外側

静岡県産のひよどりは、名産のミカン畑に飛来し、収穫に被害を及ぼす鳥であるが、その肉にはほのかにミカンの香りがついており、味もよい。

しかし可食部が極めて小さい鳥なので、旨みをとらえられる部分がきわめて少ない。肉の火入れを云々することは非常に難しいが、小さいがゆえに骨まで食べることができる鳥なので、しっかりと火を入れることができて、肉汁を一気に凝縮できる炭火焼きを選択した。

工程

1. 羽を抜き、1枚に開く
2. バターを塗る
3. 炭火

ポイント

- 肋骨は取り除かずに、ハサミで細かく切って残す。
- 骨まで食べられるように火を入れる。

開いた状態 内側

焼き上がり

1　網にこげつかないようにヒヨドリの皮側にバターを塗る。1枚41g。

2　赤く起こした炭火で皮側から焼き始める(強火)。

3　裏返して身側を焼く。残した背骨や助骨まで食べることができるように火を入れていく。

4　再度裏返して皮側を焼き、提供温度に温める。

5　仕上がりに塩をふる。1枚32g。

ヒヨドリのさばき方・小型の鳥類・1枚に開く

1　ハサミで頭を落とし、手羽元から手羽を切り落とす。

2　足も盛りつけるので鋭い爪を切っておく。

3　胸を上に向け、胸骨の両側に切り目を入れておく。

4　胸骨をハサミで切り取る。

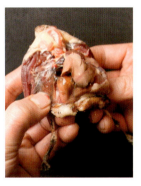

5　手で身を両側に開き、内臓を取り除く。

6　手羽元近くのフルシェットと烏口骨につながる肩甲骨と手羽元の関節を切りはずす。

7　片側（手前側）の骨をはずした状態。もう片側も同様にしてはずす。

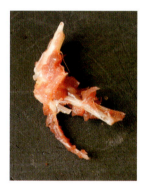

8　はずした骨。

9　背骨にハサミで細かく何本も切り目を入れて骨を切る。

10　両モモの大腿骨を切り落とす。

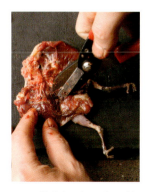

11　肋骨もハサミで細かく切っておく。

12　1枚に開いたヒヨドリ。

第 2 章　火入れのための機器

スチームコンベクションオーブンとガスオーブンはどちらを選ぶ？

「肉を焼く」ということを前提に考えてみよう。

スチームコンベクションオーブンは庫内温度を一定に保つことに優れているため、肉全体を均一に焼き上げることができる。一方オーブンで焼くと焼きムラが生じることがある。

一定に火が入ることは、非常によいことなのだが、肉を焼く場合、必ずしもよいとはいえない場合もある。いい具合にムラになって焼けるということは、こげていたり、濃縮感がある部分が一つの肉の中で混在することであり、これによってテクスチャーや味に変化が表われ、さまざまなおいしさを与えることができるのだと思う。どこの部分にも同じように火が入っていると、食べていて飽きがくるのではないだろうか。目指す料理やそのときの肉の状態にも左右されるが、おしなべて私の中では、温度をしっかり上げたいときにはオーブンを、しっとりゆっくり火を入れたいときにはスチームコンベクションオーブンを選択することが多い。

たとえば肉質や味が緻密で繊細な家禽類のモモとコッフルを焼くときにはコンベクションオーブンを使用する。鳥類の筋線維の内側には脂があまり入っていないことも、その選択の理由の一つである。脂が少ない場合、肉の温度が上がりにくいため、低温でゆっくり加熱をしないと、内部に火が入る前に肉の周りがダメージを受けてしまうから、安定した低い温度で火を入れたほうがいいと思う。

しかし牛肉や豚肉の塊肉は、肉の周りや内部に脂が存在するので、それほど時間をかけなくても熱が肉内部に伝わりやすいため、しっかり温度を上げてグラデーションをつけて焼く。この場合はオーブンのほうが適しているように思う。なお、フロリレージュではタニコー製のコンベクションオーブンとガスオーブンを使用している。

スチームコンベクションオーブン

ファンで熱風を対流させて加熱するコンベクションオーブンに、蒸気発生装置がついたもので、熱風またはスチームをそれぞれ単独に、あるいは同時に利用して、調理ができる。

熱風が対流するので庫内温度の安定性に優れていることに加えて、強制的にスチームを出すことができ、その量の調節ができることが最大の特徴だ。一定の湿度を保つ湿度コントロールができるので、湿度ゼロの状態をつくることも可能となる。

長時間にわたって100℃以下の低温加熱をする場合には、スチームコンベクションオーブンを使うことが多い。

ガスオーブン

オーブンの庫内に発生する輻射熱が下から上に回って火を通す。一般的にオーブンは庫内温度が設定できるようになっているが、上部に空気孔があるため、庫内温度は安定しにくい。また庫内全体が設定温度をつねに保てるわけではないので、あくまでも目安として考えたほうがいいだろう。
またオーブンには、おのおの必ずクセがあるので、それを熟知しておく必要がある。

プラックとガスレンジの使い分け

プラックとガスレンジは加熱調理に欠かすことができない基本的な熱源だ。双方の加熱のしくみには違いがある。

プラックは高温に熱した鉄板の上に鍋やフライパンをのせて加熱するしくみ。したがって鍋に接している面から熱が伝わることになる。均等な焼き色をつけたいリソレには適しているといえよう。

ちなみに銅鍋のように表面がなめらかならば熱伝導はよいが、表面に細かい凹凸があるフライパンはそれよりも劣る。またプラックの上に油膜が張ると、熱伝導は悪くなるので注意したい。

ガスレンジのよさは、その場で小まめに火力調整ができること。ソテーなどでフライパンを浮かせなければならないときにも、ガスレンジが適している。またフライパンや鍋の外側も熱くなるので、底からだけでなく側面からも余熱を入れることができる。肉などのように厚みがあるものを焼く場合は、熱せられた側面の鍋肌を利用して肉をあてて火を入れたいので、ガスレンジを選択する。

プラック

フランス料理店独特の加熱機器。平らな鉄板の上に鍋やフライパンをのせて加熱する。
丸い部分はヒートトップといって、一番温度が高い部分だ。ヒートトップから離れるにしたがって温度がだんだん低くなる。
温度差のある場所を使い分けることによって、同時に複数の別の作業ができて効率がよいのがプラックの最大の利点だ。
営業開始から終了まで、ずっと点火しておくので、ランニングコストがかかる。また周辺が高温となり、身体に負担がかかるのが欠点ではある。

ガスレンジ

熱の伝わり方が速く、火加減のこまめな調整もしやすいという便利さがある。

また火の入り方も違う。プラックは触れている部分からしか火が通らないが、ガスレンジは鍋の外側からも熱が回るので直接鍋にあたっていない部分にも余熱が入る。またフライパンの内側の側面を利用して焼き色をつけることができる。フライパンを傾ければアロゼをすることも容易だ。

いずれの場合も両側面からの余熱を計算して加熱をする必要がある。

炭焼き台

おこした炭を入れて直火で焼く。串を打ってもよいし、焼き網をのせて網焼きにしてもよい。

遠赤外線で火を通す炭火は、内側からふっくらと火が入り、肉自身から水分や脂が落ちると煙が立ち上る。このときに炭の香りが肉について抜群の調味料になる。

塊肉を一から炭火で焼くと時間がかかってしまうため、仕上げに使うことが多い。

ウォーマー（保温庫）

食材の保温に使用している。

通常60℃設定で使用しているが、肉には火は入らないので、実際の温度は55℃程度であろう。

乾きやすいので、肉を保温するときはラップフィルムなどをかけておくことが必要。

フライパン

鉄製は銅製の次に熱伝導率がよいので、直接炎があたらない側面に肉をあてて火を入れることができる。またオーブンの出し入れができるので便利。愛着がわくほど長持ちする道具だ。テフロン加工にくらべて肉が付着しやすいため、こうばしい焼き目が鍋肌について取れてしまうことがあるが、鍋肌についた旨みをデグラッセすることができる。

その点テフロン加工のフライパンは付着しないので、肉にきれいな焼き色と旨みがつきやすくなるが、焼き色にムラができにくいので単調な焼き上がりになる可能性がある。また高温のオーブンには適さない。

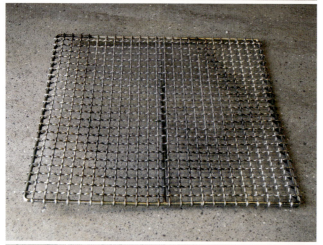

焼き網

串を打たずに直火にかけることができる。

網バット

オーブンやスチームコンベクションオーブンに入れるとき、また取り出して余熱で火を入れるときに、落ちた肉汁で肉を湿らせないように網の上にのせる。また直に肉をバットや天板にのせると、接した部分に熱が入りすぎてしまうので、網をかませたバットを利用する。

鋳物鍋

無加水で素材自身の水分で蒸し焼きができる。蓋をしてオーブンに入れてもいいし、ブラックでも対応可。鍋の中は最終的に100℃に達する。沸騰すればその温度を保つことができるので、中火から弱火で調理ができる。

Bœuf 牛肉

あか牛のロースト ビーツのクロッカン

(料理p.22)

あか牛のロースト

    牛ロース（あか牛）
    バター　適量

つくり方→p.40

ビーツのシート

    ビーツ　1.5kg
    赤ワインヴィネガー　80g
    塩　1つまみ
    アガー　8g

1. ビーツの皮をむいてジューサーにかける。ビーツのジュースを800g取り分け、これを沸かしてアクをひき、1/5になるまで弱火で煮詰める。
2. 1を紙漉しし、120gを取り分け、赤ワインヴィネガー、塩を加え、アガーを溶かす。
3. 2をシルパットに薄く広げて、ウォーマー（60℃）に入れて乾かす。

オニオンサラダ

    新玉ネギ
    塩

1. 新玉ネギを繊維に沿ってスライスし、少量の塩でもむ。
2. 水にさらしたのち、水気をきる。

ジャガイモのピューレ

    ジャガイモ　350g
    牛乳　300g
    生クリーム（乳脂肪分47%）　100g
    塩、グラニュー糖　各少量

料理レシピ

1 ジャガイモの皮をむいて適宜に切り、牛乳で柔らかく煮る。
2 柔らかくなったら生クリーム、塩、グラニュー糖を加えて溶かし、ハンドミキサーで攪拌して裏漉しする。

胡麻と落花生のヌガー

グラニュー糖　60g
水あめ　60g
煎り黒胡麻　10g
落花生*　50g

*殻と薄皮をむいて160℃のオーブンで8分間ローストしたもの。

1 鍋にグラニュー糖と水あめを入れて火にかけ、茶色に色づくまで煮詰める。
2 ここに煎り黒胡麻と落花生を加えて混ぜ、琥珀色になったら火からおろす。
3 オーブンシートを敷いたバットに薄く広げ、冷蔵庫で冷やし固める。

ビーツのピューレ

ビーツジュース　100g
増粘剤（つるりんこ）　2g
赤ワインヴィネガー　煮詰めたビーツジュースの1/3量
塩　適量

1 ビーツは皮をむいてジューサーにかける。これを火にかけて1/5に煮詰める。
2 煮詰めたジュース100gに1/3量の赤ワインヴィネガー、塩、増粘剤を加える。

仕上げ

1 ローストした牛ロース肉を薄切りにして塩をふり、上にオニオンサラダをのせ、セロリの芽を散らす。
2 この上にサイフォンで温めたジャガイモのピューレを絞り出す。食感のよい胡麻と落花生のヌガーを砕いて散らす。
3 2を流木の上に盛り、上にビーツのシートをかぶせる。ビーツのピューレを線描し、木から生えてきた芽に見立ててセロリの芽を散らす。
4 手で持って食べるようにすすめる。

経産牛
サスティナビリティ（料理p.21）

牛ロース肉（経産牛）
塩とトレハロース（同割）　適量
コンソメ（→p.201）　300g

1 牛ロース肉を薄切りにする。ラップフィルムで挟んで肉叩きで叩いて薄くのばす。

2 網バットの上に広げ、塩とトレハロースを合わせて肉にふって1晩おく。

3 翌日の肉。

4 コンソメをとって75℃に熱する。

5 ここに3の肉を入れてサッとくぐらせて取り出す。

ジャガイモのピューレ（→p.189）

コンソメ（→p.201）

コンソメには最初から薄切りのビーツ200gを加えてとる。

パセリオイル

パセリの葉（茎を除く）　100g
太白胡麻油　150g

1 パセリの葉と太白胡麻油をミ

ルミキサーにかける。ミルの摩擦熱で胡麻油が温まってくるが、そのまま人肌程度に冷めるまで回し続ける。
2 ボウルに移し、氷水をあてて急冷する。
3 シノワにクッキングペーパーを敷いて2を漉し、巾着の要領で絞って上から重しをのせる。

仕上げ

1 ジャガイモのピューレはワラで燻して香りをつけ、サイフォンに移して60℃のウォーマーで温めておく。これを皿に敷き、牛肉を盛る。
2 上から熱いコンソメをかける。
3 パセリオイルを流す。

牛ロースのステーキ ポワロージュンヌとナッツ

(料理 p.23)

ステーキ

　　牛サーロイン　338g
　　オリーブ油　80g
　　バター　80g

つくり方→p.48

葉玉ネギのソテー

　　葉玉ネギ
　　ナッツ（クルミ、松ノ実、ヘーゼルナッツ、ギンナン）
　　バター、塩

1 葉玉ネギを網の上にのせて炭火で乾かす。
2 クルミ、松ノ実、ヘーゼルナッツ、ギンナンをバターで炒めて香りを出す。
3 ここに1の葉玉ネギを入れて塩で味を調える。

仕上げ

　　ソースヴァンルージュ
　　　（→p.201）

1 食べやすく1cmほどの厚さに切ったサーロインステーキに塩をふり、葉玉ネギのソテーを盛り合わせる。
2 ソースヴァンルージュを流す。

牛タンコンフィ 塩メレンゲとコーヒー

(料理 p.24)

牛タンのコンフィ

　　牛タン　200g
　　コーヒー豆　30粒
　　オリーブ油　50g

つくり方→p.52

カリフラワーのソース

　　カリフラワー　300g
　　牛乳　適量
　　生クリーム（乳脂肪分47％）　50g
　　バター　25g
　　塩　適量

1 カリフラワーの芯をはずし、房に分ける。浸るくらいの牛乳を注いで火にかける。カリフラワーが柔らかくなったら牛乳を漉す。
2 1のカリフラワーをミキサーにかけて裏漉しする。
3 2を火にかけて生クリームを加え、塩で味を調える。バターモンテして仕上げる。

カリフラワーのスライス

　　カリフラワー　適量
　　ヴィネグレット（→p.201）適量
　　塩　少量

1 カリフラワーを房に分けて薄くスライスし、天板に並べて160℃のオーブンで温める。
2 取り出してヴィネグレットを塗って塩をふる。

塩のメレンゲ

　　卵白　220g
　　グラニュー糖　60g
　　トレハロース　50g
　　フルールドセル　適量

1 卵白をミキサーで泡立てて、グラニュー糖とトレハロースを3回に分けて加えてメレンゲをつくる。
2 バットに薄くのばして120℃のコンベクションオーブン（ホットエアーモード）で1時間焼く。
3 フルールドセルをふる。

コーヒーオイル

　　コーヒー豆　100g
　　太白胡麻油　300g

1 コーヒー豆は香りがよく出るように、1晩水に浸けたのち砕く。
2 真空袋に砕いたコーヒー豆と太白胡麻油を入れて脱気する。
3 沸騰した湯で20分間加熱する。

仕上げ

1 器にカリフラワーのソースを塗って、塩をふった牛タンを盛る。
2 カリフラワーのスライスを添え、砕いた塩のメレンゲを散らす。
3 挽いたコーヒー豆を散らし、コーヒーオイルをたらす。

牛ハツのロースト
パプリカのファルス

（料理p.25）

牛ハツのロースト

　　牛ハツ（右心房）　300g
　　バター　適量

つくり方→p.56

ソース

　　鹿のジュ*　200g（5）
　　パプリカのジュ　40g（1）
　　バター　50g
　　増粘剤（つるりんこ）　3g

　　*適宜に切ったシカの骨1kg、シカのスジ500g、さいのめに切った玉ネギ1個、ニンジン1本、セロリ3本をそれぞれ別に炒めて寸胴鍋に移し、フォンブラン（→p.201）1リットルを加え、1度沸騰させてアクをひく。タイム5枝、トマト1個を加えて2時間とろ火で加熱する。シノワで漉してもう一度沸騰させてアクをひく。

1. 小鍋に鹿のジュとパプリカのジュ（赤パプリカをコールドプレスにかけたもの）を5対1の割で合わせて火にかける。
2. 1/3まで煮詰まったらバターモンテする。
3. 増粘剤を加えてとろみを補う。

ペペロナータ

　　赤・黄パプリカ
　　オリーブ油、塩、コショウ
　　　各適量

1. 赤と黄色のパプリカをバトネ（小さい棒状）に切り、オリーブ油でソテーする。しんなりしたら塩、コショウで味を調えて冷やしておく。
2. 別の赤パプリカをローストして皮をむく。縦に切り目を入れてシート状に開き、1を巻き込む。
3. 提供時にオーブンで温める。

仕上げ

　　ニンニク風味のオリーブ油
　　　（→p.201）　適量
　　パプリカのミックススパイス
　　　（山椒、胡麻、パプリカの粉末
　　　をブレンド）　適量
　　アマランサス

1. 器にソースを丸く流し、中央にニンニク風味のオリーブ油をたらす。
2. 薄く切った牛ハツに塩をふって盛り、ペペロナータを添える。
3. パプリカのミックススパイスをふり、アマランサスの葉を添える。

Porc 豚肉

島豚のロースト
紫蘇シート（料理p.62）

島豚のロースト

　　黒豚ロース肉　605g

つくり方→p.70

赤紫蘇ジュースとシート

　　赤ジソ　100g
　　水　350g
　　グラニュー糖　40g
　　クエン酸　3g
　　アガー　8g（ジュース200gに
　　　対して）

1. 水を沸騰させ、赤ジソを入れてサッと混ぜる。火からはずして5分間ほどおいて、葉全体が緑色に変色したら漉す。
2. 漉した液体を鍋に戻してグラニュー糖とクエン酸を入れて沸かす。赤色に変わったら、冷やしてジュースとする。
3. シートをつくる。2のジュースを温かいうちに200g取り分けて、アガー8gを溶かして薄く流して固める。

キャビア オーベルジーヌ

　　水ナス　中4本
　　トマト　1個
　　エシャロット（スライス）　1個分
　　タイム　3枝
　　ニンニク　1片
　　オリーブ油　適量

1. 水ナスの皮をむいて4つに割る。フライパンでしっかり焼き色をつける。
2. 鍋にオリーブ油と半割にしてつぶしたニンニクを入れて温めて香りを立てる。
3. ここに1のナス、種を取り除

いたトマト、エシャロット、タイムを加えて蓋をし、180℃のオーブンで20分間煮込む。
4 タイムを取り除いて、ロボクープにかける。

仕上げ

カカオ
赤紫蘇のセック*
胡麻油

*赤ジソをバットに広げてディッシュウォーマーで乾燥させたもの。

1 赤紫蘇のジュースを流し、塩をふった島豚のローストを盛る。
2 赤紫蘇のシートでキャビア オーベルジーヌを包んで添え、砕いたカカオを散らし、赤紫蘇のセックを飾る。胡麻油をたらす。

仔豚のブレゼ アンディーブ (料理p.63)

仔豚のブレゼ

カシュー豚肩ロース首肉（皮つき） 477g
オリーブ油 適量
ガルニチュール
  ┌ タルティーボ 適量
  │ バター 30g
  │ オニオンジュース (→p.195) 150g
  │ ソースヴァンルージュ (→p.201) 50g
  │ 調整水 80g
  └ 塩 適量

つくり方→p.80

仕上げ

ベシャメルソース 200g
バッカスチーズ 35g
塩* 適量

*海塩（瀬戸内産）を使用。

1 ガルニチュールを仕上げる。タルティーボの上にベシャメルソースをかけ、バッカスチーズをふって、バーナーで焼く。
2 仔豚は切り分けて軽く塩をふる。ガルニチュールと塩を添える。

仔豚のハム キャラメルシート (料理p.61)

仔豚ハム

仔豚モモ肉 1446g
仔豚豚足 463g
ソミュール液* 適量
フォンブラン (→p.201) 2リットル

*粗塩600g、グラニュー糖25g、水4.5リットルを混ぜておく（A）。別にタイム15g、ニンニク1片、水500gを合わせて沸かしておく（B）。AをBに加えて冷ます。

つくり方→p.84

玉ネギのソテ

玉ネギ
バター、塩 各適量

1 玉ネギをスライスしてバターでソテーする。塩で味をつける。

キャラメルシート

A
  ┌ 生クリーム（乳脂肪分47%） 200g
  │ 牛乳 60g
  │ ハチミツ 20g
  └ バター 15g

B
  ┌ グラニュー糖 40g
  └ 水あめ 40g
パッションフルーツピューレ 100g
粉ゼラチン 10g
水 39g

1 Aを鍋に入れて火にかけて沸かす。
2 Bを鍋に入れて火にかけてキャラメリゼさせる。薄く色づいてきたら、Aを3回に分けて加えて中火で煮詰める。
3 2が1/3まで煮詰まったらパッションフルーツピューレを加えてさらに煮詰める。
4 もとの濃度になるまで煮詰めたら、水で戻した粉ゼラチンを加えて、熱いうちにシルパットの上に流して厚さ2mmのシート状にして冷ます。
5 冷めたら冷凍して保管する。

仕上げ

エシャロット（みじん切り）
パッションフルーツ
ヴィネグレット (→p.201) 少量
塩 少量
オクサリス
フルールドセル

1 ハムのモモ30gと豚足15gを粗く刻む。
2 モモ、豚足、エシャロット、玉ネギのソテ、パッションフルーツをヴィネグレット、少量の塩で味をつける。
3 キャラメルシートを10cm角に切り、2をのせて軽く巻く。
4 サラマンダーで軽く温め、オクサリスを散らす。フルールドセルをふる。

Agneau
仔羊肉

キャレダニョーの炭火焼き へしこのパスタ (料理p.89)

キャレダニョーの炭火焼き

 仔羊背肉　300g

つくり方→p.94

キクイモのグラス

 キクイモ（皮をむいたもの）
  1kg
 A
  ┌ 牛乳　600g
  │ 生クリーム（乳脂肪分47%）
  │ 400g
  │ 砂糖　20g
  └ 塩　適量

1 キクイモを鍋に入れ、Aを加えて火にかける。
2 キクイモが柔らかくなったら1をミキサーにかけ、パコジェットのビーカーに入れて急速冷凍する。
3 提供時パコジェットにかける。

アンチョビのパスタ

 卵　1個
 卵黄　2個分
 アンチョビ　70g
 コラトゥーラ（魚醤）　15g
 セモリナ粉　125g
 00粉　125g

1 セモリナ粉、00粉をボウルに入れて合わせる。溶いた卵と卵黄、アンチョビ、コラトゥーラを加えて、手のひらです り合わせて水分をなじませ、よく練って粉全体に水分をいきわたらせる。
2 1を180gに分割し、真空袋に入れて脱気する。このまま冷蔵庫に1晩おくと、生地全体に水分が均等にいきわたる。
3 取り出してパスタマシンにかけ、薄くのばしてタリオリーニの太さに製麺する。
4 塩を加えた熱湯でアルデンテにゆでる。

アンチョビのセック

 アンチョビ（塩分が弱いもの）

1 アンチョビあるいはヒシコイワシの塩漬けのオイルと水分をしっかりきる。
2 天板に1を広げ、60℃のコンベクションオーブンに入れて2時間かけて乾燥させる。

セミドライトマト

 トマト　小10個
 塩　トマトの重量の2%
 トレハロース　トマトの重量の1%

1 トマトの皮を湯むきし、1/4のくし形に切る。種と芯を取り除く。
2 1に塩とトレハロースをまぶして天板に広げる。
3 90℃のコンベクションオーブンに入れて3時間かけて乾燥させる。

山椒オイル

 実サンショウ（青）　50g
 太白胡麻油　50g

1 サンショウの実を麺棒で叩き、真空袋に入れ、太白胡麻油を注いで脱気する。
2 沸騰した湯に入れて30分間加熱して香りを抽出する。

仕上げ

 ニンジンの葉
 フルールドセル

1 仔羊に塩をふって盛り、山椒オイルを流す。脇にキクイモのグラスを添える。
2 グラスの上に、アンチョビのパスタを盛り、アンチョビのセックを散らす。
3 セミドライトマトを添え、ニンジンの葉を飾って、フルールドセルを端に添える。

セルダニョーのロースト 香草パン粉 (料理p.90)

セルのロースト

 仔羊鞍下肉　419g
 仔羊のフィレミニョン　57g
 仔羊のロニョン　23g
 山菜（コゴミ、たらの芽、ウドなど）　適量

つくり方→p.100

香草パン粉

 生パン粉　100g
 パセリオイル（→p.190）　20g
 ハーブメランジェ*　30g
 *タイムとローズマリーのみじん切りを同割ずつ合わせたもの。

1 生パン粉、ハーブメランジェ、パセリオイルをロボクープに入れて回す。

フキノトウのスフレグラス

 フキノトウの生クリーム**　300g
 フロマージュブラン　150g
 卵白　80g
 グラニュー糖　48g
 ホウレンソウのピューレ***　30g
 塩　適量
 クエン酸　適量

**フキノトウ100gと生クリーム（乳脂肪分47％）300gを真空袋に入れて脱気し、沸騰した湯で30分間湯煎にかけたのち、氷水で急冷する。このまま1晩おいて香りを移して漉して用いる。

***ホウレンソウを熱湯でサッとゆでて水気を絞る。同量のブールノワゼット、ピスタチオナッツのペーストとともにミキサーにかけて漉し、なめらかにする。湯煎にかけて温めておく。

1. フキノトウの生クリームをボウルに入れ、フロマージュブランと同じかたさに泡立てる。
2. 卵白にグラニュー糖を入れてかたく泡立て、1とそのほかの材料を泡立て器で混ぜ合わせて容器に入れて冷凍する。
3. 必要量だけすくって用いる。

トマトのジュース

トマトの種

1. セミドライトマトをつくるさいに取り除いた種を利用する。種を鍋に入れて火にかけ、52℃まで加熱する。
2. トマトの色素と透明なジュが分離するので、透明なジュだけを取り出してミロワールに煮詰める。

仕上げ

フレンチマスタード　適量
菜花
レッドオゼイユ　適量

1. 切り分けた仔羊の断面に塩をふり、フレンチマスタードを塗り、香草パン粉をふんわりと盛る。
2. サラマンダーでサクサクした食感になるように焼く。
3. フキノトウのスフレグラスを少量上に添え、菜花のつぼみと花、レッドオゼイユの芽を散らす。
4. トマトのジュースを流して完成。

仔羊肩肉のコンフィ
新玉葱と炭 (料理p.91)

コンフィ

仔羊肩肉　1385g
塩　2％（27.7g）
グラニュー糖*　8％（110.8g）
タイム、ニンニク（スライス）
　各適量
太白胡麻油　適量

*発色を促し、少しの甘み（複雑み）をつける効果がある。トレハロースでもよいが、油に溶けにくいので、グラニュー糖を使用する。

つくり方→p.106

オニオンマリネ

新玉ネギ
マリネ液（オリーブ油3：レモン汁1、塩適量）

1. 新玉ネギをくし形に切って熱湯でサッとゆでて辛みを抜き、浅く火を入れる。
2. 取り出してマリネ液に1時間ほど浸ける。

オニオンジュース

玉ネギ
水
塩

1. 玉ネギをスライスして鍋に入れ、浸るくらいの水を注ぎ、20分間ほど煮た後、しっかりと押してシノワで漉し、再び煮詰める。
2. 1/10まで煮詰まってとろみがついたら塩で味を調える。

こがし玉ネギのアイス

玉ネギ
塩

1. 玉ネギをスライスして、何もひかないフライパンでしっかり色づくまで焼く。
2. ミキサーにかけて塩で味をつけ、パコジェットのビーカーに入れて冷凍する。使用時にパコジェットにかける。

仕上げ

フルールドセル

1. コンフィを切り分けて塩をふる。器に盛り、オニオンマリネを5枚ほど散らす。
2. マリネの上にこがし玉ネギのアイスとタイムをのせ、オニオンジュースをたらす。フルールドセルをふる。

Volaille, Lapereau
家禽

パンタードのロースト 北海道のホワイトアスパラとムース（料理p.111）

パンタードのロースト

パンタード　モモ2本530g、コッフル822g
バター、オリーブ油　各適量

つくり方→p.126

ホワイトアスパラガスのムース

ホワイトアスパラガス（皮をむいてさいの目切り）　660g
ジャガイモ（さいの目切り）　30g
バター　30g
オニオンエチュベ（→p.201）　100g
粉ゼラチン　13g
生クリーム（乳脂肪分47％）　200g
塩　適量

1 ホワイトアスパラガスとジャガイモをバターで軽く炒める。オニオンエチュベと塩を少量加えて水分を出す。
2 落とし蓋をかぶせて上から蓋をし、200℃のオーブンで20分間加熱する。
3 取り出して水で戻した粉ゼラチンを加えて溶かし、ミキサーに5分間かけて裏漉しする。
4 3を氷水にあて、濃度がついてきたら生クリームを加え、塩で味を調える。

シャルトリューズとパセリオイル

シャルトリューズ（緑）　500g
レモン汁　30g
塩　3g
増粘剤（つるりんこ）　5g
パセリオイル（→p.190）

1 シャルトリューズを鍋に入れて沸かし、アルコールを飛ばす。鍋の中に火は入れないこと。
2 1にレモン汁、塩、増粘剤を加えて混ぜる。
3 2とパセリオイルを同量ずつ混ぜ合わせる。

ホワイトアスパラガスのボイル

ホワイトアスパラガス　60g
塩

1 ホワイトアスパラガスは皮をむいて塩ゆでする。この分量で2分30秒がゆで時間の目安。
2 食べやすく切る。

仕上げ

桜の塩漬け
フルールドセル

1 パンタードの胸肉を切り分けて塩をふり、器に盛る。
2 ホワイトアスパラガスのムースを添えて、シャルトリューズとパセリオイルをかける。
3 ホワイトアスパラガスのボイルを添えて、桜の塩漬け、フルールドセルを散らす。

ラプローのフリカッセ プティポワ フランセーズ

（料理p.112）

ラプローのフリカッセ

仔ウサギモモ肉　140g
バター　15g
ニンニク　1片
ベーコン（みじん切り）　16g
オニオンエチュベ（→p.201）　50g
白ワイン　35g
フォンドラプロー*　100g
塩　適量
増粘剤　1g
エンドウマメ（皮をむいたもの）　50g
オリーブ油　8g

*仔ウサギの骨2羽分を2cm大に切る。玉ネギ1個、ニンジン1/2本、セロリ1/2本を2cm角に切る。一緒に鍋に入れて水500gを注いで火にかける。沸騰したら火を弱めてアクをひき、1.5時間コトコトと煮たのち、漉す。

つくり方→p.134

仕上げ

菜花
エンドウの蔓

1 ウサギを切り分けて塩をふり、エンドウマメ、オニオンエチュベ、ベーコン、煮汁とともに盛る。
2 菜花とエンドウの蔓を飾る。

Gibier
ジビエ

蝦夷鹿のロースト 海のスープ（料理p.139）

蝦夷鹿のロースト

　　エゾジカロース肉　700g
　　バター　適量
　　塩　適量

つくり方→p.148

牡蠣のポシェ

　　牡蠣　1個
　　セミドライトマト（さいの目切り→p.194）　10g
　　エシャロット（みじん切り）　5g
　　ニンニク*　1/2片
　　塩　適量

*ニンニクはオリーブ油で煮てみじん切りにしておく。

1. 牡蠣は殻をはずして塩水でゆでる。
2. 1の牡蠣にセミドライトマト、エシャロット、ニンニクを混ぜて塩適量で味を調える。

ジュドコキヤージュの泡

　　アワビ　60g
　　水　50g
　　牛乳　50g
　　生クリーム（乳脂肪分47%）　50g

1. アワビと水をミキサーにかける。
2. 鍋に移して火にかけ、沸騰したら火を弱めて2分間煮出す。
3. 火からおろして牛乳、生クリームを加え、ハンドブレンダーで泡立てる。

仕上げ

　　ニンジンのスプラウト

1. 牡蠣のポシェを盛り、切り分けたエゾジカのローストに塩をふって盛る。
2. 上にジュドコキヤージュの泡をのせ、ニンジンのスプラウトを添える。

猪のファルス 赤のソース
（料理p.140）

猪のファルス

　　イノシシロース肉　573g
　　塩　適量
　　フォワグラのコンフィ　120g
　　ファルス
　　┌イノシシのレバー　100g
　　│イノシシのバラ　400g
　　│オニオンエチュベ（→p.201）　50g
　　イノシシのジュ*　250g

*2cm角に切った玉ネギ1個、ニンジン1本、セロリ3本をオリーブ油でしっかり炒めて取り出す。2cm大に切ったイノシシの骨1kg、イノシシのスジ500gを野菜の鍋に入れて充分炒めたら、野菜を戻し、フォンブラン（→p201）1リットルを加え、一度沸騰させてアクをひく。

つくり方→p.154

大和芋のソース

　　ヤマトイモ　500g
　　牛乳　200g
　　生クリーム（乳脂肪分47%）　300g
　　だし（カツオ節、昆布）　100g

1. ヤマトイモの皮をむいてゆでこぼして洗い、ヌメリを取り除く。
2. ヌメリがなくなったら浸るくらいの水を加えて柔らかく煮る。
3. 2をミキサーにかけ、牛乳、生クリーム、だしを加えて回す。

猪のレバーソース

　　イノシシの煮汁（→p.156・プロセス10）　300g
　　バター　30g
　　イノシシのレバー　20g
　　豚の血　20g

1. イノシシの煮汁を鍋に移してツヤが出るまで煮詰める。
2. バターを加えてモンテし、包丁で叩いたイノシシのレバー、豚の血を加えてつなぐ。
3. なめらかに漉す。

仕上げ

　　粉山椒

1. 大和芋のソースを器に流し、温めたイノシシに塩をふって器に盛る。
2. 上からレバーソースをかける。粉山椒を添える。

猪 花ズッキーニファルス
（料理p.141）

猪 花ズッキーニファルス

　　イノシシモモ肉　150g
　　エシャロット（みじん切り）　10g
　　乾燥シャンピニオン　2g
　　牛骨髄　10g
　　コンソメ（→p.201）　10g
　　塩　2g
　　花ズッキーニ

つくり方→p.158

アーティチョークのフライ

　　アーティチョーク
　　揚げ油

1 アーティチョークを掃除して花芯をスライスする。
2 170℃の揚げ油でカリッと揚げる。

柚子の花のピューレ

ユズのつぼみ　100g
レモン汁　20g
生クリーム（乳脂肪分47%）
　ピューレの半量
塩　適量

1 ユズのつぼみを真空袋に入れて、レモン汁を浸るくらい注いで脱気する。
2 100℃の湯煎で5分間加熱する。
3 袋から取り出し、ミキサーにかけて裏漉ししてピューレにする。
4 3のピューレに、半量の生クリームを加えてのばす。塩で味を調える。

仕上げ

黄花（食用花）

1 花ズッキーニの挽肉詰めを盛り、上にアーティチョークのフライを添える。
2 黄花を散らし、柚子の花のピューレを流す。

真鴨のロースト
蕪と鰹のだし（料理p.142）

真鴨のロースト

マガモ（コッフルとモモ2本）
　500g
オリーブ油　20g
バター　20g
塩　少量

つくり方→p.162

蕪のラグー

カブ　100g
昆布　10g
バター　20g
塩　適量

1 カブの皮をむき、くし形に切って土鍋に入れる。
2 昆布とバターを加えて火にかけ、カブから出てくる水分で煮ていく。味つけは塩のみ。

鰹節と鴨のジュース

カモのフォンブラン*　500g
削りガツオ　50g
塩　適量

*カモのガラ2羽分を2cm大に切り、玉ネギ2個、ニンジン1本、セロリ1本は丸のまま切り目を入れる。寸胴鍋に入れて、水1リットルを上まで注いで沸騰させる。火を弱め、アクを除いて、6時間コトコト煮たのち、漉す。

1 カモのフォンブランを沸かし、削りガツオを入れて火を止める。
2 漉して塩で味をつける。

セリの根のフリット

セリの根
サラダ油　適量

1 セリの根を切り、160℃のサラダ油で揚げて油をきる。

セリのピューレ

セリの茎
塩、バター　各適量

1 セリの茎を塩を加えた熱湯でゆで、すり鉢ですってピューレ状にしておく。
2 提供時に温めて塩で味をつけ、バターで風味をつける。高温で熱すると退色するので注意。

仕上げ

1 器に鰹節と鴨のジュースを流し、そぎ切りにしたマガモに塩をふって盛る。
2 セリの根のフリットとピューレを添える。
3 客席で蕪のラグーをサーブする。

雉鳩のベニエとフラン
（料理p.143）

雉鳩のベニエ

キジバト　1羽
マリネ液
　┌ ソースヴァンルージュ
　│ 　（→p.201）　20g
　└ ハチミツ　2g
薄力粉　適量
ベニエ衣*　適量
揚げ油　適量

*薄力粉100gをふるい、ドライイースト10.5gを合わせる。ここにビール135gを一度に加えて泡立て器で混ぜる。ラップフィルムをかけて常温に30分間おいて発酵させる。ブクブクと泡がでてきたら完成。

つくり方→p.169

雉鳩のフラン

ジュドピジョンラミエ*　3
卵　1

*玉ネギ、ニンジン、セロリ、エシャロット（各小角切りを20gずつ）をオリーブ油で色づくまで充分炒める。一旦取り出し、同じ鍋に血がついたままのキジバトの骨1羽分を砕いて加え、野菜の旨みを移す。充分炒めたら、先ほど取り出した野菜を戻して、白ワイン15gでデグラッセして、フォンブラン（→p.201）300gを加える。沸騰したら浮いた脂を取り除いて、リードペーパーで紙漉しする。

1 ジュドピジョンラミエ3に対して卵1を合わせてよく混ぜ、漉してココットに注ぐ。

2 40℃のコンベクションオーブン（スチームモード）で8分間加熱する。

蕨のソテー

ワラビ（アク抜き済）
バター
ヴィネグレット（→p.201）

1 アク抜きをしたワラビをバターソテーし、ヴィネグレットをかける。

仕上げ

1 キジバトのフランをクネル形にくり抜いて盛る。その上にキジバトのベニエをのせる。
2 周りからジュドピジョンラミエを流し、蕨のソテーを添える。

蝦夷雷鳥と内臓のリゾット

（料理p.144）

蝦夷雷鳥

エゾライチョウ　1羽
バター　適量
フォンブラン（→p.201）　500g

つくり方→p.174

エゾライチョウのジュ

（仕上り300g）
エゾライチョウのガラ　200g
オリーブ油　適量
ニンニク（小角切り）　1片
ミルポワ（2cm角切り）
　┌ 玉ネギ　1/2個
　│ ニンジン　1/3本
　│ セロリ　1本
　└ エシャロット　1個
ジュドカナール*　300g
タイム　適量

1 エゾライチョウのガラを細かく切る。背肝などはついたままでよい。

2 鍋にオリーブ油を入れて小角切りにしたニンニクとガラを入れて強火で炒める。ガラを鍋肌にこびりつかせながら炒める。

3 途中でミルポワを加え、しんなりしたらジュドカナールを注いで、弱火にし、鍋肌にこびりついた旨みをこそげ取る。タイムを加えて25分間加熱する。

4 沸いたらアクを1回だけひいて、弱火にして、ミジョテ（とろ火）の状態を保って10分間煮る。何度もアクをひくとジビエらしさがなくなってしまう。

5 シノワで漉して、レードルでしっかり押して煮汁を漉し取る。塩を加えて味をつける。必要ならばここで煮詰める

4 エゾライチョウのジュ。

＊玉ネギ、ニンジン、セロリ、エシャロット（各2cm角切りを20gずつ）をオリーブ油で色づくまで充分炒める。一旦取り出し、同じ鍋に血がついたままのカモのガラ1羽分を砕いてしっかり炒め、野菜の旨みを移す。充分炒めたら、先ほど取り出した野菜を戻して、白ワイン15gでデグラッセして、フォンブラン（→p.201）500gを加える。沸騰したら浮いた脂を取り除いて、リードペーパーで紙漉しする。

リゾット

（20人前）
玄米　180cc
水　250g
エゾライチョウのジュ　200g
バター　適量
エゾライチョウの内臓（砂肝、心臓、レバー）　50g

1　玄米をバター30gで炒める。水を入れて中火で沸騰させる。
2　蓋をして200℃のオーブンに15分間入れて炊き、取り出して温かいところに15分間おいて蒸らす。
3　エゾライチョウの内臓を掃除し、バターで炒めたのち叩いてつぶす。においが強い場合はレバーは使用しないほうがよい。
4　エゾライチョウのジュと2の米を合わせて煮る。沸いたらバター200gを加え、3の内臓を加えて仕上げる。

山葡萄のソース

山ブドウ　適量
グラニュー糖　山ブドウの5％
増粘剤（つるりんこ）　山ブドウジュースの1％

1　山ブドウを洗って水気をきってつぶす。
2　ここに5％のグラニュー糖を加えて密封し、冷蔵庫で2週間おいて発酵させる。
3　使用する分を取り分けて、1％の増粘剤を加えて混ぜ、濃度をつける。

仕上げ

シブレット

1　リゾットを器に盛る。器の内側に山葡萄のソースをたらす。
2　リゾットの上にエゾライチョウの胸肉とモモを盛り、塩をふってシブレットを添える。

ひよどりの炭火焼き ソバージュ蜜柑 （料理p.145）

ひよどりの炭火焼き

ヒヨドリ
バター　適量
塩　適量

つくり方→p.180

蜜柑のグリエ

ミカン
バター

1　ミカンを半分に切って、断面にバターを塗ってフライパンで焼く。

蜜柑クリームパウダー

ミカン＊　2個
卵黄　1個
全卵　1個
砂糖　50g
コーンスターチ　10g
バター　100g

＊表皮をすりおろし、果汁を搾っておく。

1　卵黄、全卵、砂糖をボウルに入れて白っぽくなるまで泡立て器ですり混ぜる。
2　ふるったコーンスターチを入れて混ぜ、ミカン果汁を加える。
3　鍋に移し、火にかけて泡立て器でツヤが出るまで混ぜる。
4　シノワで漉して、ミカンの表皮を加える。ここにバターを少しずつ加えながら混ぜてクリーム状にする。
5　4を凍らせたのち、ざく切りにする。さらにこれを液体窒素の中に入れて凍らせ、フードプロセッサーでパウダー状にする。

仕上げ

根つきニンジンの葉

1　ヒヨドリ1枚を半分に切り分けて盛る。
2　蜜柑のグリエ、根つきニンジンの葉を飾り、蜜柑クリームパウダーをふる。

基本のパーツ

フォンブラン

(仕上り12リットル)
牛骨　4kg
つめ鶏　4kg
牛スネ肉　4kg
牛スジ肉　2kg
牛骨髄　2kg
水　16リットル
ニンジン　2本
玉ネギ　3個
セロリ　2本
ニンニク　1/2株
トマトホール　1kg

1. 牛スジ肉は2cm大に切って、ゆでこぼしてアクを抜く。その他の肉、骨も2cm大に切る。ニンジン、玉ネギ、セロリ、ニンニクは丸のまま切り目を入れる。
2. 寸胴鍋に1とトマトホールを入れて、水を上まで注いで沸騰させる。火を弱め、アクを除いて、6時間コトコト煮たのち、漉す。

コンソメ

(仕上り8リットル)
フォンブラン　12リットル
卵白　14個分
牛モモ挽肉　720g
玉ネギ(薄切り)　3個分
セロリ(薄切り)　2本分
ニンジン(薄切り)　1本分
赤パプリカ(薄切り)　1個分
トマト　1個
こがし玉ネギ*　輪切り1枚
タイム　3枝
エストラゴン　2枝

*玉ネギを4等分の輪切りにし、フライパンで両面を真っ黒になるまで焼く。

1. 寸胴鍋に牛モモ挽肉、玉ネギ、セロリ、ニンジン、赤パプリカ、つぶしたトマトを入れて手でよく混ぜる。溶いた卵白を加えてよく混ぜる。
2. 人肌まで温めたフォンブランを少しずつ加える。中火にかけ、アクが浮いてきたら取り除き、こがし玉ネギ、タイム、エストラゴンを入れる。
3. 液体が対流するくらいの火加減で、4時間煮る。
4. にごらないように静かにレードルですくって漉す。

ソースヴァンルージュ

(仕上り200g)
赤ワイン　720g
コンソメ　800g
エシャロット(みじん切り)　2個分
ニンニク(みじん切り)　1片分
バター　10g

1. 鍋にバターとニンニクを入れて火にかける。香りがたってきたらエシャロットを加えてしんなりするまで炒める。
2. 赤ワインを1の鍋に注ぎ、エシャロットの表面が出てくるまで煮詰める。
3. コンソメを加えてさらに煮詰め、表面に鏡のようなツヤが出たら火からおろして漉す。

ヴィネグレット

A
- オリーブ油　600g
- 赤ワインヴィネガー　200g
- 塩　20g

エシャロット(みじん切り)　80g

1. Aをハンドブレンダーでよく混ぜる。エシャロットを加えて冷蔵庫で保存する。

オニオンエチュベ

玉ネギ(薄切り)　適量
オリーブ油　適量

1. 鍋にオリーブ油を入れて、玉ネギを色づけないようにしんなりと炒める。

ニンニク風味のオリーブ油

ニンニク
オリーブ油

1. ニンニクを真空袋に入れてオリーブ油を注ぎ入れる。
2. 脱気して湯煎に15分間かけて取り出し、1晩おく。

川手寛康　かわて ひろやす
Hiroyasu Kawate

1978年東京生まれ。駒場学園高等学校食物科卒業後、フランス料理の修業をはじめる。「恵比寿QEDクラブ」「オオハラ エ シイアイイー」などを経て「ル・ブルギニオン」へ移り、菊地美升シェフのもとでさらに修業を重ね、同店のスーシェフに就任する。その後2006年に渡仏。モンペリエの「ジャルダン デ サンス」で修業を積む。帰国後、東京・白金台「カンテサンス」のスーシェフを務め、2009年、東京・南青山に「フロリレージュ」を開店し、オーナーシェフとなる。

2015年に神宮前に移転。レストランの中央には舞台さながらのオープンキッチンを、その周りに奥行きのあるカウンター席を配するというスタイルをとった。料理はランチ7品、ディナー11品のコースで、旬の季節感あふれる素材をアレンジした料理を用意する。

国内はもちろん、アジアやヨーロッパのシェフたちとの交流にも熱心で、お互いのレストランで頻繁にコラボレーションイベントを開催している。日本というフィールドを越えた場所で、日本の素材でつくりあげるフランス料理を、国境を越えて広く発信している。

Florilège フロリレージュ
〒150-0001
東京都渋谷区神宮前2-5-4
SEIZAN外苑B1F
電話03-6440-0878
http://www.aoyama-florilege.jp

p14〜18 科学の視点・解説
佐藤秀美（さとう・ひでみ）
学術博士。横浜国立大学卒業後、9年間電機メーカーで調理機器の研究開発に従事。その後お茶の水女子大学大学院修士、博士課程を修了。現在獣医生命科学大学客員教授。著書は『おいしさをつくる熱の科学』『栄養こつの科学』（ともに柴田書店）、『西洋料理体系第4巻 調理のコツと科学』（共著・ディック社）など多数。

肉の火入れ
フランス料理のテクニック

初版発行　2017年2月10日
3版発行　2018年6月30日

著者ⓒ　川手寛康（かわて・ひろやす）

発行者　丸山兼一

発行所　株式会社柴田書店
　　　　〒113-8477
　　　　東京都文京区湯島3-26-9 イヤサカビル
電　話　営業部03-5816-8282（注文・問合せ）
　　　　書籍編集部03-5816-8260
　　　　http://www.shibatashoten.co.jp

印刷　凸版印刷株式会社
製本　加藤製本株式会社

本書収載内容の無断掲載・複写（コピー）・データ配信等の行為はかたく禁じます。乱丁・落丁本はお取替えいたします。

ISBN 978-4-388-06259-1
Printed in Japan

Cuisson de
Les techniques